FACULTÉ DE DROIT D'AIX

DE LA

COMPENSATION

EN DROIT ROMAIN ET EN DROIT FRANÇAIS

THÈSE POUR LE DOCTORAT

PAR

CASIMIR ROLLAND

AVOCAT

MONTPELLIER

TYPOGRAPHIE ET LITHOGRAPHIE DE BOEHM ET FILS

ÉDITEURS DU MONTPELLIER MÉDICAL

1882

FACULTÉ DE DROIT D'AIX

DE LA

COMPENSATION

EN DROIT ROMAIN ET EN DROIT FRANÇAIS

THÈSE POUR LE DOCTORAT

PAR

CASIMIR ROLLAND

AVOCAT

MONTPELLIER

TYPOGRAPHIE ET LITHOGRAPHIE DE BOEHM ET FILS

ÉDITEURS DU MONTPELLIER MÉDICAL

1882

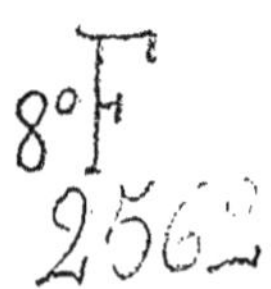

A LA MÉMOIRE DE MON PÈRE

DE LA

COMPENSATION

EN DROIT ROMAIN ET EN DROIT FRANÇAIS

NOTIONS GÉNÉRALES.

Lorsque deux personnes sont réciproquement obligées ; en d'autres termes, lorsqu'elles sont à la fois créancières et débitrices l'une de l'autre, au lieu de faire des paiements effectifs où chaque partie reprend ce qu'elle vient de donner, il est plus naturel que chacune retienne ce qu'elle doit en équivalent de ce qui lui est dû, et que le reliquat seul soit payé si le montant de l'une des deux dettes dépasse celui de l'autre.

Je vous dois cent; vous me devez la même somme. Déchirons, si vous le voulez, les deux titres de nos créances; donnons-nous mutuellement quittance, mais évitons les lenteurs et les frais d'un double paiement dont l'effet serait de nous remettre tous deux dans notre situation première. La compensation a pour fondement l'utilité publique et privée, puisqu'elle coupe court à deux prétentions d'un seul coup et qu'elle tend à diminuer le nombre des procès. Mais il est également vrai de dire qu'elle se fonde sur l'équité. Ne serait-il pas injuste, en effet, que l'une des parties voulût être payée sans payer à son tour? Si vous forcez les parties à exercer leurs droits respectifs par des actions distinctes, aboutissant à des paiements effectifs et réciproques, indépendamment des longueurs et des frais qui seront la conséquence de ce système, vous permettez à un insolvable de recouvrer sa créance sans acquitter sa dette, et vous exposez la partie la plus diligente à être victime de son exactitude! La compensation prévient ce résultat: elle garantit les droits respectifs de deux personnes se trouvant, l'une vis-à-vis de l'autre, dans une situation égale.

Rien de plus simple, on le voit, que l'idée de compensation, et en même temps rien qui paraisse plus facile et plus pratique que son application. Le bon sens suffit pour la mettre au service des intéressés. Aussi la compensation conventionnelle a-t-elle dû être de tous les temps et de tous les pays. Mais il n'en est pas de même de la compensation forcée. Les idées les plus simples ne sont pas toujours celles qui se font accueillir le plus vite et appliquer le plus facilement. La compensation ne fut longtemps admise qu'à titre d'exception. Son développement se fit peu à peu, jusqu'au jour où, finissant par produire les effets qui étaient attachés à sa nature, elle dut s'imposer comme règle.

L'histoire de la compensation nous a paru intéressante, à cause des différents caractères que cette institution a successivement revêtus et du rôle qu'elle a joué suivant les époques. Elle nous fait assister à la lutte de la tradition et du progrès, du formalisme et de l'équité, de la royauté et de la féodalité.

La compensation se fait jour difficilement dans l'ancien Droit romain, dont les principes rigoureux sacrifiaient quelquefois l'équité en faveur d'une logique sévère basée sur le *merum jus.*

Sous le premier système de procédure, à Rome, c'est-à-dire celui des actions de la loi, une seule forme d'action, la *postulatio judicis,* se prêtait à la compensation. Elle dut y être appliquée entre obligations nées d'une même cause, quels qu'en fussent les objets, comme elle le fut plus tard dans les actions de bonne foi sorties de la *postulatio judicis.* Sous le système formulaire, nous voyons d'abord la compensation restreinte aux actions de bonne foi et subordonnée à la condition de l'identité de cause. Mais le domaine des contrats synallagmatiques auquel elle se trouve limitée est un domaine trop étroit. Déjà, dans deux cas spéciaux, elle s'appliquait aux obligations unilatérales : lorsque le demandeur était un banquier, ou se trouvait l'acheteur des biens d'un débiteur insolvable vendus en masse. L'empereur Marc-Aurèle, par un rescrit connu, mais dont l'interprétation a fait naître de graves difficultés, opère une véritable innovation : il étend la compensation aux actions de droit strict, et la rend possible dans ces actions moyennant l'insertion de l'exception de dol. C'était un grand progrès accompli. Il est désormais certain que la compensation put être proposée dans toutes les actions *in personam,* qu'elles fussent de bonne foi ou de droit strict, que les deux créances eussent une origine commune ou qu'elles provinssent d'une cause différente. Septime Sévère, s'inspirant de l'équité, lui donna pour effet d'arrêter rétroactivement le cours des intérêts à partir du moment où les deux créances avaient coexisté. Vers la fin du IIIe siècle, la procédure extraordinaire remplaça le système formulaire. L'exception de dol fut toujours nécessaire dans les actions de droit strict, mais elle devint un moyen de défense ordinaire et put être proposée jusqu'à la sentence.

Enfin Justinien apporta les dernières réformes : il supprima la nécessité d'une exception, et par conséquent la distinction maintenue entre les deux classes d'actions ; mais il fit une innovation encore plus grande en admettant la compensation dans les actions *in rem*.

Quelle que soit l'époque à laquelle on se place, on peut dire que la compensation, à Rome, a toujours revêtu le même caractère. Elle est judiciaire au moment où elle prend naissance, et elle n'a pas cessé de l'être au moment où elle a reçu son entier développement. Elle n'a jamais figuré au nombre des modes d'extinction des obligations. Il n'y a rien d'étonnant en cela, surtout lorsqu'on songe au génie formaliste des Romains. On comprend aisément que le lien formé par un moyen de Droit civil ne puisse être délié que par un des modes spéciaux créés par le *strictum jus* lui-même. Le Droit prétorien était impuissant à détruire l'obligation sanctionnée par le droit rigoureux; c'est pour cela que la compensation, à Rome, n'a jamais pu être qu'un résultat de la procédure.

Pendant le moyen âge, la compensation eut également une lutte à soutenir, non plus contre les principes rigoureux d'une loi écrite, mais contre l'idée de fiscalité qui prédominait à cette époque. Le Droit féodal devait proscrire une institution qui, en tranchant deux procès d'un seul coup, avait le tort de diminuer les frais perçus ou affermés par le seigneur. De là cette maxime : « *Une dette n'empêche point l'autre* ».

Mais, dans notre ancien Droit comme à Rome, l'institution de la compensation trouva des partisans et des défenseurs. Elle eut un ferme appui dans le Droit canon, dont les principes, puisés le plus souvent dans les textes romains, exercèrent une influence considérable sur le Droit coutumier de l'ancienne France. De même elle fut défendue par les légistes lorsque le Droit romain commença à renaître au XIIIe siècle. Imbus des principes de la législation romaine, qu'ils appelaient *raison écrite*, ces jurisconsultes ne tardèrent pas à acquérir une certaine prépondérance dans le royaume. Ce sont eux qui, secondés par la Couronne, parvinrent à détruire l'obstacle que la féodalité avait opposé à la compensation. La royauté délivra, suivant les cas, *des lettres de compensation* ; mais bientôt la délivrance de ces lettres ne fut qu'une formalité, lorsque les deux créances étaient également liquides. La rédaction des Coutumes vint enfin autoriser, par une disposition expresse, la compensation de liquide à liquide.

Il est essentiel de remarquer que c'est au nom et par l'influence du Droit romain que ce progrès s'est accompli. Mais, chose curieuse, si la compensation de la législation romaine est reproduite, ce n'est plus avec le même caractère. Nous lui voyons subir une transformation complète. Nos anciens juriconsultes, croyant reproduire une notion romaine, proclament le principe d'une compensation légale s'opérant sans le concours et à l'insu des parties. Cette doctrine, après avoir été universellement admise dans l'ancien Droit, est passée de là dans notre Code civil.

La compensation, aujourd'hui, figure au nombre des modes d'extinction des obligations (1234). Elle peut être définie : Une disposition de la loi en vertu de laquelle deux personnes, qui sont respectivement créancières et débitrices l'une de l'autre, retiennent chacune en paiement de ce qui lui est dû ce qu'elle doit elle-même.

L'idée dominante est que la compensation est un double paiement, mais un double paiement fictif. Les sommes dues ne sont pas comptées. La loi dit à chacun des créanciers : « Vous retiendrez en paiement ce que vous devez vous-même, si votre créance et votre dette sont d'égale quotité ; si elles ne le sont pas, celui qui est créancier de la plus forte verra sa créance réduite à la différence ». Il en résulte donc qu'une somme minime servira à solder la situation des parties.

Par le double déplacement dont elle tient lieu et le double déplacement de fonds qu'elle évite, la compensation rend libres et disponibles des fonds que ces paiements auraient absorbés, ce qui lui fait exercer une profonde influence sur la quantité du numéraire en circulation.

L'histoire de la compensation nous montre celle-ci sous deux formes distinctes : tantôt elle est attachée à la sentence du juge qui la prononce, tantôt, par une sorte de fiction légale, au fait même de la coexistence des deux dettes. On peut se poser ici une question intéressante et se demander quelle est la forme préférable et la mieux appropriée à la compensation.

Le système de la compensation *légale* a été l'objet de nombreuses attaques. On a dit que son application donnait lieu parfois à de graves inconvénients et que les conséquences du principe conduisaient souvent à des règlements peu conformes à l'équité. Ainsi, lorsque deux dettes sont d'inégale quotité, la compensation s'opère jusqu'à concurrence de la plus faible ; il y a là, dit-on, une grave dérogation au principe de l'indivisibilité du paiement posé dans l'art. 1244.

On ajoute que le législateur semble avoir reculé lui-même, dans certains cas, devant les conséquences de la théorie qu'il venait d'admettre. C'est ainsi qu'il a édicté l'art. 1299 pour permettre à celui qui a payé une dette éteinte par la compensation d'exercer la créance dont il n'a point opposé la compensation, avec les privilèges et hypothèques qui y sont attachés, s'il a eu une juste cause d'ignorer son existence. Cette solution est dictée par l'équité, mais n'en est pas moins une grave dérogation au principe de la compensation légale, d'après lequel le débiteur qui aurait payé ne devrait plus avoir que la *condictio indebiti*.

Avec la compensation judiciaire, on n'aurait pas eu à craindre ce résultat et, partant, pas d'exception à édicter.

On fait également remarquer que le principe du Code reçoit une nouvelle dérogation dans l'art. 1294 *in fine*. D'après ce texte, le débiteur solidaire ne peut opposer la compensation de ce que le créancier doit à son codébiteur. Or, d'après l'art. 1290, les dettes s'éteignent de plein droit ; donc le débiteur solidaire devrait bénéficier de cette extinction.

Enfin on soutient que le législateur a été inconséquent avec lui-même en exigeant la condition de liquidité des deux dettes. Qu'elles soient liquides ou qu'elles ne le soient pas, dès l'instant que les deux dettes coexistent, elles devraient s'éteindre.

Malgré ces attaques, nous nous déclarons partisan du système admis par notre législation. La compensation légale offre, à nos yeux, ce grand avantage qu'elle fixe d'une manière définitive les droits des parties.

Elles savent qu'elles sont libérées l'une et l'autre, que le cours des intérêts est arrêté, que la prescription n'est pas à craindre. Leur situation respective est déterminée sans procès, sans frais. De plus, la compensation légale sauvegarde l'intérêt des tiers. Il ne fallait pas que les cautions, les créances hypothécaires, les tiers intéressés en général, pussent voir, quelquefois même en fraude de leurs droits, s'éterniser une dette qu'il était si facile au débiteur d'éteindre.

Le système du Code est le plus simple ; à ce titre seul, il nous paraîtrait préférable, surtout à une époque dans laquelle il est reconnu que tout tend à la simplication, où tout ce qui est entrave, forme, est volontiers mis de côté et supprimé, pour faire place au seul et libre consentement des parties. Le législateur, en édictant l'art. 1290, qui pose le principe de la compensation légale, a eu en vue l'intention présumée des parties. Lorsque deux personnes sont respectivement débitrices l'une de l'autre, elles sont présumées vouloir faire chacune leur paiement de la manière la plus avantageuse et la plus conforme à leur intérêt ; c'est-à-dire que leur intention présumée est de se libérer par voie de compensation légale, au moyen d'un paiement abrégé. Du reste, les parties seront toujours libres de renoncer à la compensation et de manifester une intention contraire à celle que leur avait attribuée le législateur.

On reproche à la doctrine du Code d'exiger la condition de liquidité. Nous reconnaissons que la liquidité ou la non-liquidité n'a de sens que lorsque la compensation est l'œuvre du juge ; sans doute, en exigeant cette condition, les rédacteurs ont commis une inconséquence : ils n'auraient pas dû reproduire une règle de l'ancien Droit empruntée à la législation de Justinien, et qui se comprenait sous cet empereur parce que la compensation était judiciaire. Mais cette inconséquence s'explique si l'on songe à l'assimilation que le législateur a faite de la compensation au paiement. On n'a pas voulu que le paiement d'une dette liquide pût être retardé par l'opposition d'une créance dont l'existence n'était pas certaine.

Il existe encore d'autres dispositions qui sont en contradiction avec le principe de l'art. 1290. C'est ainsi que nous voyons accorder la restitution de l'ancienne créance avec les privilèges et hypothèques à celui qui, ayant payé, avait une juste cause d'ignorer la créance qui devait compenser sa dette. De même nous voyons le débiteur solidaire ne pouvant opposer la compensation du chef de son codébiteur. Sans doute ce sont là des inconséquences, mais nous pouvons dire qu'elles se justifient : la première était exigée par l'équité, la seconde par les règles de la solidarité. Doit-on condamner un principe parce que toutes les conséquences qui découlent de ce principe ne seront pas admises ? Quelle est la règle qui ne comporte pas d'exception? Le législateur n'est-il pas astreint à concilier des principes contraires, en sacrifiant quelques-unes des conséquences que les uns et les autres devraient produire ?

Si la compensation judiciaire devait éviter les inconséquences que nous avons signalées, certainement elle en aurait produit d'autres. N'est-il pas plus équitable, par exemple, que les intérêts cessent du jour de la coexistence des deux dettes ? Mais un pareil résultat peut-il se produire lorsque la compensation est l'œuvre du juge ? Évidemment non : la rétroactivité ne peut être attachée à une sentence. Nous verrons cependant que Septime Sévère admit cette rétroactivité ; cette disposition était conforme à l'équité, mais était en contradiction manifeste avec le principe de la compensation judiciaire.

Nous devons constater que le principe de la compensation légale semble prévaloir aujourd'hui, et nous le trouvons adopté dans presque toutes les législations étrangères.

Que la compensation soit légale ou judiciaire, la partie qui en réclame le bénéfice doit toujours s'adresser au juge : dans le premier système, pour la faire constater ; dans le second, pour faire ordonner qu'elle ait lieu. Que devra faire le débiteur poursuivi qui veut se prévaloir de la compensation ? Devra-t-il se présenter devant la justice en qualité de demandeur ou de défendeur ? Agira-t-il pour faire reconnaître sa créance, ou lui suffira-t-il de se défendre en alléguant que sa qualité de créancier du demandeur le libère dans le système de la compensation légale, le fait absoudre dans celui de la compensation judiciaire ? Le second mode est le plus facile à suivre et le plus expéditif ; aussi est-il généralement adopté. On peut dire que c'est lui qui convient le mieux au système de notre Code : les deux dettes étant éteintes dès qu'elles coexistent, le défendeur n'a qu'à répondre que sa dette n'existe plus, comme s'il l'avait payée.

PREMIÈRE PARTIE.

De la Compensation en Droit romain.

INTRODUCTION.

L'étymologie du mot *Compensatio* nous reporte au temps où les Romains faisaient leurs paiements au moyen de la balance et par le pesage du métal.

«Longtemps avant l'invention de la monnaie, dit Toullier (T. VII, n° 342), on avait pris les métaux pour mesure commune de la valeur des choses; mais, le poids et la pureté des métaux n'étant attestés par aucun signe public et authentique, on était réduit à les peser dans une balance. Cet usage ne se perdit point entièrement depuis l'invention de la monnaie ; Pline et Varron nous apprennent que les banquiers romains pesaient souvent l'argent au lieu de le compter ; ce qui se fait encore quelquefois chez nos banquiers. Lorsqu'il s'agit de sommes considérables, on pèse les sacs au lieu de les compter. »

La compensation est la balance qui s'établit entre une créance et une dette ; on compare l'une avec l'autre. Si elles sont égales, elles se détruisent complètement ; si elles ne le sont pas, elles se détruisent seulement jusqu'à concurrence de la plus faible.

Modestin définit ainsi la compensation : *Debiti et crediti inter se contributio.* Mais cette définition est incomplète ;

elle peut s'entendre d'opérations tout à fait distinctes de la compensation. Pour qu'une personne puisse soumettre à la *contributio* dont parle Modestin sa dette et sa créance, il faut que ce soit, d'un autre côté, une même personne qui soit créancière et débitrice de la première. Il faut donc supposer deux obligations dont deux personnes sont tenues l'une envers l'autre.

A Rome, la compensation était judiciaire : « Son histoire, comme le dit M. Lair dans sa savante Monographie sur la *Compensation*, se lie étroitement à l'histoire de la procédure romaine ». Elle ne fut jamais un mode d'extinction des obligations, elle n'était qu'un résultat de la procédure ; encore son évolution ne se fit que lentement, ce qui est facile à comprendre pour quiconque connaît l'esprit logique et rigoureux des institutions romaines, surtout à l'origine. Les modifications diverses qu'elle a subies se rattachant intimement aux différents systèmes de procédure, nous avons à la suivre dans chacune des périodes qui se partagent l'histoire du Droit romain. Nous l'étudierons donc successivement dans la procédure des actions de la loi, dans le système formulaire, dans la procédure extraordinaire, et dans le dernier état du Droit romain.

CHAPITRE PREMIER.

Procédure des actions de la Loi.

Ce système remonte aux origines de Rome. Il contient à un haut degré les divers caractères d'une civilisation grossière et dans son enfance : le symbolisme matériel, un rituel de pantomimes et de paroles consacrées, la domination patricienne et l'influence pontificale. Il a régné exclusivement pour les citoyens plus de cinq siècles et demi ; enfin il est tombé, sous la haine populaire, en vertu des lois Julia et Æbutia.

Nous trouvons la compensation sous ce système, mais dans l'une seulement des cinq actions qu'il renferme.

Nous laisserons de côté la *pignoris capio* et la *manus injectio*, qui n'étaient que des moyens d'exécution.

L'*actio sacramenti* est la plus ancienne des actions de la loi et celle qui a eu la plus longue durée. Le juge n'avait qu'à déclarer *justum* ou *injustum* le *sacramentum* des parties ; il n'avait aucune liberté d'appréciation qui lui permît de tenir compte de leurs obligations réciproques. Il ne pouvait donc y avoir place pour la compensation.

La seconde des actions de la loi, la *judicis postulatio*, constitue un véritable progrès ; elle est le résultat des efforts faits pour renverser le formalisme rigoureux de l'*actio sacramenti*.

Le juge avait ici un pouvoir d'appréciation plus étendu ;

il devait examiner l'affaire qui lui était soumise et prendre en considération ce qui lui était exposé par l'une et l'autre des parties, afin de faire respecter la bonne foi et l'équité. La compensation devait donc être admise ; mais, pour qu'elle pût se produire, il fallait que la créance opposée par le défendeur fût née de la même cause que celle du demandeur, c'est-à-dire du même contrat, car le juge ne pouvait sortir de l'affaire qui était portée devant lui, et ne pouvait par conséquent faire entrer dans son appréciation des éléments étrangers.

On estime généralement qu'une seconde condition était nécessaire. Il fallait, dit-on, pour que la compensation pût se produire dans la *judicis postulatio*, que les choses fussent de même nature, parce que le principe de la condamnation pécuniaire n'existait pas encore sous les actions de la loi, et que la partie qui triomphait obtenait l'objet même du litige, *ipsam rem*.

M. Desjardins, au contraire, dans son remarquable *Traité de la Compensation* (pag. 30), déclare que cette condition n'était pas exigée. Nous acceptons volontiers la doctrine de cet éminent auteur. En effet, la *judicis postulatio* remonte par son origine à une époque où l'usage de la monnaie était peu répandu et où l'échange dominait encore. On devait alors considérer, dans chaque objet, moins sa nature même que sa valeur d'échange. Toutes les choses sont, pour ainsi dire, fongibles entre elles quand l'usage permet qu'elles servent de monnaie. Il est très probable, fait remarquer M. Desjardins, que les Romains n'ont jamais tenu compte de l'intérêt d'affection, dont l'appréciation était faite dans une action de bonne foi.

Cet auteur ajoute que, même sous l'empire du système formulaire, la règle de la condamnation pécuniaire ne suffit pas pour expliquer la compensation admise entre choses différentes. En effet, la réduction en argent est la conséquence de la condamnation ; or, le juge a le pouvoir de condamner le défendeur, mais n'a pas le même pouvoir à l'égard du demandeur. Cependant, nous verrons que la compensation fut admise malgré la différence des objets dus, et que par conséquent le juge dut estimer aussi bien l'objet dû par le demandeur que celui dont le défendeur était redevable. Ce n'était donc pas une particularité du système formulaire que la compensation fût possible malgré la différence des objets dus.

L'action *per condictionem* est trop peu connue pour qu'on puisse en parler avec quelque probabilité. Mais elle paraît n'avoir eu pour objet que des obligations unilatérales ; on la donne pour le germe des actions *stricti juris* du système formulaire. Le juge, dans cette action, n'a aucune latitude ; il est donc presque certain que la compensation ne pouvait pas s'y produire.

CHAPITRE II.

Système formulaire.

Au système des actions de la loi succède un système plus en harmonie avec les mœurs de l'époque: celui des formules.

Dans les premiers temps de Rome, tout étranger était considéré comme un ennemi, et l'accès des institutions romaines lui était interdit. Mais plus tard, quand on eut subjugué les peuples voisins, on sentit la nécessité d'admettre les péregrins à comparaître en justice. On créa alors un préteur spécial, le préteur péregrin, devant qui ils devaient porter leurs litiges. Ce magistrat, ne pouvant employer les paroles mêmes de la loi ni poser une question de Droit civil, puisque les péregrins étaient exclus du Droit quiritaire, dut imaginer des formules rédigées *in factum*, sortes d'instructions écrites auxquelles les *recuperatores* eurent à répondre. Ceux-ci reconnaissaient si tel fait avait lieu ou non ; mais comme ils ne pouvaient attribuer la propriété, ni aucun de ses démembrements, la condamnation ne put désormais avoir pour objet *rem ipsam*, mais seulement une indemnité pécuniaire.

Le préteur péregrin pouvant remplacer le préteur urbain, et réciproquement, on vit employer indistinctement les formules *in factum* aux citoyens et aux péregrins. On conçoit d'ailleurs que les Romains aient préféré ce nouveau genre de procédure à leur système primitif des actions de la loi. La subtilité de ces dernières rendait leur mise en œuvre des plus périlleuses, car la moindre irrégularité entraînait la perte du procès. « Les paroles et les actes solennels des *legis actiones*, dit Keller (*Traité des Actions*), étaient réglés avec une attention toute spéciale ; leur observation était prescrite avec une extrême rigueur, et le moindre oubli, le moindre écart des formes consacrées, pouvait entraîner la perte totale du procès.» Gaius nous représente un demandeur perdant sa cause parce qu'il avait agi de *succisis vitibus*, alors qu'il aurait dû agir de *succisis arboribus*. Cette rigueur successive fut cause de leur abandon dès qu'il fut possible d'aborder la justice d'une autre manière, et tout le monde se servit des formules.

Les lois *Julia* et *Æbutia* consacrèrent irrévocablement le nouvel ordre de choses. C'est sous le système formulaire que la distinction entre les actions de bonne foi et les actions de droit strict apparaît d'une manière nette et précise.

Nous étudierons successivement la compensation dans ces deux sortes d'actions. Mais nous allons examiner préalablement deux cas spéciaux, dont nous parle Gaius, où la compensation se produisait sans qu'on tînt compte du caractère de l'action dans laquelle elle avait lieu. Ces deux cas sont ceux de l'*argentarius* et du *bonorum emptor*.

PREMIÈRE SECTION.

Dans quels cas la Compensation est admise.

§ Ier. — Compensatio argentarii.

On entendait par *argentarii*, à Rome, tous ceux qui faisaient commerce de valeurs métalliques ; c'est là ce qui semble résulter du mot caractéristique sous lequel ils étaient désignés. Ils se recrutaient, soit parmi les étrangers, les Grecs par exemple, comme le prouve le nom de τραπεζιται qui leur était donné, soit même parmi les esclaves. Ils inspiraient aux Romains une aversion profonde, et la défiance dont ils étaient l'objet dut les assujétir à une législation spéciale et faire prendre contre eux des mesures tout à fait rigoureuses. Citons à l'appui l'*exceptio rei emptæ non traditæ*, par laquelle ils pouvaient être repoussés, ainsi que l'*exceptio non numeratæ pecuniæ*. Quelle était la cause de cette défiance ? On a dit qu'elle tenait aux malversations, aux usures, à l'improbité des *argentarii*. Nous ne voulons pas nous faire les défenseurs des banquiers à Rome : nous savons en effet que les auteurs satiriques accablent plusieurs d'entre eux de leurs traits et de leurs sarcasmes, lorsqu'ils leur reprochent, par exemple, de s'enfuir du Forum avec les valeurs qui leur étaient confiées, ou de corrompre et ruiner la jeunesse. Il nous semble cependant que le jugement porté sur le compte des *argentarii* est empreint d'exagération. Nous ne voulons pas croire que les banquiers, à Rome, fussent, sans exception, dépourvus de tout sentiment d'honnêteté, et qu'ils formassent, comme on l'a soutenu, une corporation d'imposteurs. Nous préférons expliquer les mesures de rigueur auxquelles ils furent soumis, la défiance qu'ils inspirèrent par le profond mépris qu'éprouvaient les Romains pour les étrangers en général, et surtout pour ceux qui s'occupaient de négoce.

Gaius nous apprend que lorsqu'un banquier agit contre un débiteur qui se trouve être en même temps son créancier, il est obligé de faire le compte de ce qu'il doit et de ce qui lui est dû, et n'en peut demander que l'excédant.

C'est là une compensation qu'il est chargé d'opérer lui-même : « *Cogitur cum compensatione agere, ita ut compensatio verbis formulæ comprehendatur* ».

Un *argentarius* doit dix mille sesterces à Titius, qui lui en doit vingt mille ; il doit réduire la demande qu'il fait insérer dans la formule, et conclure dans l'*intentio* seulement pour la différence : « *Ita intendit, si paret Titium sibi decem millia dare oportere amplius quam ipse Titio debet.* »

Pourquoi l'*argentarius* était-il obligé de faire lui-même la compensation, d'*agere cum compensatione?* C'est, a-t-on dit, parce qu'il était vu avec défaveur, et qu'on devait, à son égard, user de mesures rigoureuses en raison de l'aversion qu'il inspirait. Ce qui le prouve, ajoute-t-on, c'est que cette obligation n'était pas imposée aux autres citoyens. Nous ne nions pas que la compensation des banquiers fût une dérogation au droit commun ; c'était une mesure tout exceptionnelle, puisqu'à l'époque où elle fut introduite aucun citoyen n'y était astreint ; mais une mesure qui peut s'expliquer et trouver sa raison d'être, si on la fait découler de la profession même de l'*argentarius*. Les banquiers, en effet, font chaque jour de nombreuses opérations d'argent ; ils prêtent, ils reçoivent. Ils ont des comptes courants avec leurs clients ; ces comptes courants doivent être constatés sur des registres réguliers et ouverts à toute personne intéressée; ils se composent souvent d'un très grand nombre de détails ; le doit et l'avoir de chacun varient sans cesse, en sorte que le jour où le banquier voudra agir contre un de ses clients, il devra naturellement avoir recours à ses livres pour savoir si ce dernier est bien réellement son débiteur. Il sera obligé de faire la balance entre ce qui lui est dû et ce qu'il doit lui-même ; et lorsqu'il aura reconnu, au moyen de ses écritures, que c'est bien lui qui est créancier définitif, alors il pourra intenter son action. Mais que doit-il demander ? Ce qui lui est dû, et pas autre chose; ses registres lui ont permis, non-seulement d'établir sa créance, mais encore de déterminer en même temps le *quantum* de cette créance ; il ne peut pas ne pas le connaître, il ne doit pas le dépasser; demander davantage, ce serait commettre un acte contraire à la bonne foi et à l'équité. Ajoutons ceci, qu'en forçant le banquier à ne demander que le solde de son compte, il n'y a plus qu'une action à exercer, qu'une instance à engager : la même affaire n'a pas à passer deux fois sous les yeux du juge, et les mêmes comptes ne sont pas l'objet d'un double examen ; par suite, on facilite et on accélère les transactions commerciales.

La compensation ainsi imposée au banquier n'était donc pas une compensation opérée par le juge, puisqu'elle devait être insérée par l'*argentarius* lui-même dans la formule. Le juge n'avait qu'une chose à faire : constater si la compensation avait été opérée ou ne l'avait pas été. Dans le premier cas, il devait condamner; dans le second, il devait absoudre.

On est allé jusqu'à dire que cette compensation avait lieu *ipso jure*, par le seul fait de la coexistence des deux dettes entre le banquier et le débiteur. Ce n'est pas exact: la compensation d'*argentarius* n'est pas une compensation légale, produisant de plein droit son effet par le fait même de la coexistence de deux dettes réciproques. Rien n'indique en effet que le client fût soumis à une obligation analogue à celle de son banquier. Il pouvait, aux termes du droit commun, agir sans aucun danger pour le montant intégral de sa créance.

Le banquier n'était astreint à la compensation qu'autant que sa créance et celle du client avaient pour objet des choses de même nature. Si, par exemple, il devait du vin et qu'il lui fût dû de l'argent, il n'était pas tenu de compenser. Pourquoi ? Parce que, lorsque c'est une partie qui doit opérer la compensation, il faut que celle-ci puisse résulter du simple rapprochement de deux chiffres, sans qu'il soit besoin d'aucune appréciation. Il fallait même, selon quelques jurisconsultes que nous approuvons, que les objets fussent de semblable qualité : ainsi, du blé *in genere* ne pouvait se compenser avec du blé de Campanie.

Ajoutons que l'obligation du banquier ne s'appliquait qu'aux dettes actuellement exigibles.

Nous avons posé le principe que l'*argentarius* devait faire lui-même la compensation dans l'*intentio* de la formule. Supposons qu'il commette une erreur ; quelles en seront les conséquences ? Nous avons trois hypothèses à examiner.

1° L'*argentarius n'a pas fait la compensation*. Il encourt la déchéance attachée à la *plus petitio*. Il a perdu son procès ; et comme il a déduit son droit en justice, il ne peut plus agir de nouveau, même en rectifiant sa demande. Ainsi, il devait dix au client, qui lui devait quinze. Il demande quinze; tandis que, s'il avait opéré la compensation, il n'aurait dû demander que cinq. Son droit étant déduit en justice, il ne peut rien réclamer. Le client au contraire pourra exercer son action.

Il y a là quelque chose de très rigoureux pour le banquier, mais qui, loin d'être une dérogation au droit commun, n'est que l'application du principe absolu de la *plus petitio*.

2° L'*argentarius a fait la compensation, mais a demandé plus qu'il ne lui était dû.*

Il encourt encore la déchéance de la *plus petitio*, en ce sens qu'il a perdu son procès. Prenons le même exemple que dans la première hypothèse.

Il devait dix, et le client lui devait quinze. Il réclame huit : il perd son procès; mais remarquons que, comme la *plus petitio* ne s'applique qu'à ce qui a été déduit en justice, et comme sa propre créance était de quinze, ayant demandé huit, il conserve le droit d'agir pour la différence, c'est-à-dire pour sept.

Ce droit, il pourra le faire valoir par l'*exceptio doli*, lorsqu'il sera poursuivi par son client.

3° L'*argentarius, en faisant la compensation, a commis une erreur à son préjudice.* Ainsi, après avoir fait la balance de ce qu'il doit et de ce qui lui est dû, il lui revient dix, il ne réclame que cinq. Il est évident qu'il obtiendra cinq ; mais il pourra agir pour obtenir les cinq qui lui restent dus, de manière cependant à ne pas se faire opposer l'*exceptio litis dividuæ*, et en ayant soin de rédiger l'*intentio* de manière à y mentionner la compensation déjà faite lors de la première action.

Après avoir étudié les conséquences de la *plus petitio*, nous devons remarquer que si le débiteur était libéré à l'égard de l'*argentarius* qui n'avait pas compensé, il survivait pour lui une obligation naturelle, et que, s'il venait à payer, il n'avait pas la *condictio indebiti*.

Il n'est pas question, au Digeste, de la compensation du banquier. C'est qu'elle n'avait d'autre sanction que la *plus petitio*, et qu'elle dut disparaître en même temps que disparurent, avec l'*ordo judiciorum*, les déchéances attachées à la *plus petitio*.

§ 2. — Deductio du bonorum emptor.

La *bonorum venditio* est la vente en bloc du patrimoine d'un débiteur insolvable, faite par l'un de ses créanciers, tant en son propre nom qu'au nom des autres. Elle fut introduite par un préteur nommé Rutilius, vers le milieu du VIIIe siècle de Rome.

Le *bonorum emptor*, se trouvant substitué au *defraudator*, pouvait agir contre les débiteurs de celui-ci, soit au moyen de l'action fictice dite *serviana*, soit au moyen de l'action *rutiliana*. Mais il devait agir *cum deductione*, c'est-à-dire qu'il ne pouvait exiger du débiteur de l'insolvable le paiement de sa dette que déduction faite de la créance que ce débiteur pouvait avoir lui-même contre l'insolvable.

Il faut donc supposer une personne à la fois débitrice et créancière de la masse. Il s'opère par la voie de la *deductio* une compensation à son profit ; on lui évite la peine d'exercer une poursuite, en lui permettant que ses deux comptes avec le *bonorum emptor* se règlent dans une même action.

Mais comme l'acheteur ne s'était engagé à payer aux créanciers qu'un dividende proportionnel aux dettes du déconfit, la *deductio* ne devait avoir lieu que dans la mesure de ce dividende. Sans quoi, le fait d'être en même temps débiteur de l'insolvable aurait assuré à un créancier un privilège sur les autres, et lui aurait permis de toucher toute sa créance, tandis qu'il n'avait droit qu'à une portion.

Cette *deductio*, et c'est là ce qui la distingue de la *compensatio* de l'*argentarius*, était faite, non pas dans l'*intentio* de la formule, mais bien dans la *condemnatio*. L'acheteur n'était pas tenu d'opérer lui-même la compensation, et par suite n'était pas soumis à la déchéance de la *plus petitio* ; Gaius nous dit : « Le *bonorum emptor*, en agissant pour une somme déterminée, fait mettre dans la condamnation une somme indéterminée » ; en sorte que c'est aux juges à faire la *deductio* et à fixer par là le montant de la condamnation. D'après M. Ortolan, la rédaction probable de la *condemnatio* devait être conçue en ces termes : « *Numerium Negidium Aulo Agerio condemna quod superest deducto eo quod invicem sibi defraudatoris nomine debetur* ».

Il existe encore deux autres différences entre la *deductio* et la *compensatio*. Gaius nous les fait connaître. Mais nous les considérons comme les conséquences de la première différence que nous venons d'étudier, comme étant l'application de ce principe que la *deductio* est l'œuvre du juge.

Gaius nous dit que toutes les créances du débiteur déconfit doivent être compensées, encore que leur objet ne soit pas de même nature que celui de ses dettes. Pourquoi ? C'est, avons-nous dit, en vertu de cette règle que le juge fait lui-même la *déductio*, et que, partant, il pourra apprécier la défalcation à faire et tenir compte de la différence des objets. Au contraire, en ce qui concerne l'*argentarius*, comme il doit faire lui-même la compensation, il ne peut être chargé d'apprécier les objets différents des deux dettes : ce serait l'instituer arbitre dans sa propre cause.

La *deductio* devait avoir lieu alors même que la dette du *defraudator* ne fût pas exigible. C'est une seconde application du même principe.

Il entrait dans l'office du juge de tenir compte même des dettes dont le terme n'était pas échu. C'est qu'ayant plein pouvoir d'appréciation, il pouvait en même temps prendre en considération la non-exigibilité de la dette, et retrancher de la dette non exigible la valeur de l'*interusurium*.

Il est à remarquer que le principe important de notre droit : que la faillite rend exigibles les dettes non échues, principe consacré par l'art. 1188 du Code civil et l'art. 444 du Code de commerce, a sa source dans le Droit romain.

§ 3. — Actions de bonne foi.

Dans les actions de bonne foi, le pouvoir du juge était beaucoup plus large que dans les actions de droit strict. C'était ce qui résultait des mots *ex fide bona* ou *quod æquius melius*, ajoutés aux mots *dare oportere* dans l'*intentio* de la formule. Le juge avait mission de statuer d'après l'équité, *ex æquo et bono* ; et, de plus, comme les actions de bonne foi avaient leur source dans les contrats synallagmatiques, il devait tenir compte des obligations réciproques qu'avait pu engendrer le contrat. Il en résulte qu'il était admis à faire la compensation entre les dettes existant respectivement à la charge des deux parties et provenant du contrat soumis à son appréciation, et qu'il devait, si la créance du vendeur était supérieure, condamner le défendeur simplement au reliquat.

Cujas expliquait le pouvoir de compenser dans les actions de bonne foi, en disant que l'exception de dol y était sous-entendue.

C'est une erreur de sa part. La compensation *ex eadem causa* procède de la faculté conférée au juge d'estimer d'après l'équité la restitution qui doit être faite au demandeur. La faculté de compenser ressort de l'office du juge, sans que le préteur ait à la lui conférer expressément par aucune addition dans la formule : « *Quia in bonæ fidei judicio conveniens videtur, ideo officio ejus contineri creditur.* » (Gaius, IV, § 63.)

Après avoir posé en principe que la compensation était admise dans les actions de bonne foi, nous devons nous hâter d'ajouter qu'elle ne pouvait se produire que sous cette condition essentielle, à savoir : que la créance opposée en compensation par le défendeur devait se rattacher à la demande par un lien de connexité ; en d'autres termes, il fallait que les obligations des deux parties fussent nées *ex eadem causa*. La raison en est bien simple : le juge, malgré la faculté qu'il a de statuer *ex bona fide*, ne peut prononcer que sur l'affaire qui lui est soumise ; il n'a d'autre pouvoir que celui qu'il tient de la formule. S'il ne se conforme pas en tout point à l'instruction écrite que lui a préparée le magistrat, il fait le procès sien, et, partant, la loi le rend responsable. Si donc le commodataire poursuivi en restitution de la chose prêtée allègue une créance provenant d'un autre contrat, d'un *mutuum* par exemple, la compensation n'est pas possible. Mais au contraire elle le sera lorsque la créance qu'invoque le défendeur est née à l'occasion du même contrat *ex eadem causa*, lorsque par exemple le commodataire opposera au commodant les dépenses nécessaires qu'il aura faites pour la conservation de la chose, et pour le recouvrement desquelles la loi lui donne l'action *commodati contraria*.

Mais alors on se pose cette question : L'action contraire qui est donnée au commodataire et à tous ceux qui, comme lui, ont une créance née à l'occasion du même contrat, n'est-elle pas inutile ? Puisqu'il entre dans l'office du juge de tenir compte des obligations réciproques, le débiteur actionné ne sera-t-il pas assuré de voir déduire du montant de sa dette celui de sa propre créance ? Sans doute ; cependant son action pourra lui être utile. Dans plusieurs cas, il aura intérêt à l'exercer. Ainsi, cette action lui permettra, lorsqu'il aura omis d'invoquer la compensation ou que le juge aura négligé d'en tenir compte, d'obtenir le paiement de la créance non compensée. En second lieu, il aura intérêt à agir par l'action contraire lorsque sa créance sera supérieure à celle du commodant ; il pourra alors obtenir plus qu'il n'aurait obtenu par la compensation, car le juge n'a pas qualité pour condamner le demandeur. Enfin l'action contraire offre au commodataire cet immense avantage : c'est qu'il n'a pas besoin d'attendre d'être poursuivi par son adversaire pour faire valoir ses droits, et qu'il peut, lorsque son intérêt l'exige, agir le premier.

La compensation s'opère-t-elle dans toutes les actions

de bonne foi ? Du temps de Gaius, il nous semble bien qu'il devait en être ainsi, puisqu'après avoir dit dans le § 61 que la compensation a lieu dans les actions de bonne foi, il nous donne l'énumération de ces actions dans le § 62, et que, s'il avait existé une exception, il l'aurait certainement signalée. Les actions de bonne foi sont, d'après Gaius, celles de vente, de louage, gestion d'affaires, de mandat, de dépôt, de fiducie, de société, de tutelle, de commodat, et *rei uxoriæ*.

Mais nous avons un texte de Paul, texte malheureusement trop catégorique, qui établit une exception en matière de dépôt.

Il est ainsi conçu : « *In causa depositi, compensationi locus non est, sed res ipsa reddenda est.* » (*Sent.*, II, C. 12, § 12.)

Ce texte est étrange et paraît inconciliable, d'une part avec le principe qui existait du temps de Paul, à savoir: que toute condamnation est pécuniaire, et d'autre part avec plusieurs dispositions de Justinien écrites aux Codes et aux *Institutes*, par lesquelles ce dernier nous apprend que c'est lui qui a introduit cette exception en matière de dépôt, qu'il fonde sur la morale et la bonne foi.

Remarquons qu'il s'agit d'une décision générale, *in causa depositi* ; en sorte qu'on ne peut pas prétendre que Paul fait allusion à la formule *in factum* qui donnait à l'action le caractère d'arbitraire, ou à la revendication.

En présence d'un texte si explicite, en contradiction avec les principes et avec d'autres textes nombreux, que dire ? quelle explication possible ? Ou bien il faut croire à une interpolation du texte des Sentences, ou bien il faut admettre que l'exception existait véritablement du temps de Paul, et que Justinien, en la reproduisant, a voulu se l'approprier.

C'est cette dernière manière de voir que nous devons accepter ; il est impossible de supposer une interpolation. En effet, comme le remarque avec beaucoup de justesse M. Lair, le *Breviarum Alarici*, par lequel le texte de Paul nous est parvenu, a été rédigé en 506 et se trouve de vingt ans antérieur aux travaux législatifs de Justinien. Il est donc certain que cette disposition du texte des Sentences préexistait à la législation impériale et n'a pu être empruntée par les compilateurs.

M. Desjardins (pag. 118) nous donne une autre explication. « Ne peut-on pas supposer, dit-il, que Paul fait allusion à l'infamie qui résultait de l'action *depositi* directe ? Sans doute la compensation était admissible ; la condamnation du dépositaire était diminuée s'il y avait lieu. Il était même absous si sa créance était égale ou supérieure à la valeur attribuée par le juge à l'objet du dépôt. Mais il ne pouvait éviter l'infamie que par la restitution de cet objet lui-même. C'est en ce sens que *res ipsa reddenda est*. Cette interprétation s'accorde avec la loi 10, C. *Depositi* de Dioclétien et Maximien, ainsi conçue : *Qui depositum non restituit suo nomine conventus et condemnatus, ad ejus restitutionem cum infamiæ periculo urgetur.* La règle ne souffre aucune exception. »

Ce mode d'explication, soutenu avec beaucoup de talent, est très ingénieux et très séduisant. Il offre cet avantage qu'il écarte la dérogation apportée au principe si général de la condamnation pécuniaire, dérogation qui ne peut pas se comprendre, surtout lorsqu'on pense qu'à l'époque où elle a été introduite la compensation était admise même dans les actions où le défendeur le méritait le moins, par exemple l'action *furti*; et c'est ce qui a fait dire à M. Desjardins : « qu'il ne fallait pas moins qu'une révolution dans toute la procédure pour rendre une telle dérogation possible ». Et cependant nous ne saurions l'accepter, parce qu'il ne tient pas compte des termes formels du texte. Il est dit : *locus non est compensationi.* Ces termes nous prouvent que l'action *depositi directe* ne peut comporter aucune compensation, et les mots *res ipsa reddenda est* nous montrent que le dépositaire doit nécessairement restituer la chose déposée, mais ne sont pas écrits pour nous faire entrevoir les conséquences de la condamnation en cas de non-restitution.

On admet généralement que la compensation pût avoir lieu *ex causa dispari,* dans les actions de bonne foi, lorsqu'elle fut admise dans les actions de droit strict. Mais pour que le juge fût autorisé à tenir compte de la compensation alors même que la créance qu'opposait le défendeur ne provenait pas *ex eadem causa*, ne fallait-il pas dans la formule l'insertion de l'*exceptio doli*? Oui sans doute; quoique l'action de bonne foi implique par sa nature même l'exception de dol, comme cela semble résulter de ce texte : *judicium bonæ fidei continet in se doli mali exceptionem*, le juge ne peut prononcer que sur l'affaire qui lui est soumise; en sorte qu'il ne pouvait statuer sur des obligations étrangères à cette affaire qu'autant que l'*exceptio doli* avait été insérée. M. de Vangerow dit à cet effet : « Pour mettre le juge en état d'apprécier un dol qui ne se rattache au procès que par ses résultats, il était indispensable de l'exprimer ».

§ 4. — Action de droit strict.

Gaius, dans son *Commentaire*, après avoir parlé de la

compensation dans les actions de bonne foi, n'étend cette institution aux actions de droit strict que dans les deux hypothèses spéciales que nous avons étudiées.

Les actions *stricti juris*, dérivant toujours de contrats unilatéraux, excluaient toute idée d'obligations réciproques et connexes. Le pouvoir du juge, qui était limité par les termes de la formule, était très restreint. Il fallait répondre à cette question : L'obligation existe-t-elle ou n'existe-t-elle pas ? Et selon que la question était résolue dans un sens ou dans un autre, le juge devait condamner ou absoudre. Il devait donc prononcer d'après le droit strict sur l'obligation du défendeur, sans avoir à prendre en considération la créance que ce dernier pouvait avoir contre le demandeur. La compensation n'étant pas possible, le débiteur, qui se trouvait pour une autre cause créancier du poursuivant, ne pouvait faire valoir son droit qu'en agissant lui-même dans une instance séparée. Tel était le Droit civil dans toute sa rigueur.

Mais Justinien nous apprend que Marc-Aurèle vint apporter une grande modification aux règles rigoureuses du Droit civil. Il nous dit en effet qu'un rescrit de ce prince rendit la compensation possible dans les actions de droit strict, par l'opposition de l'exception de dol : « *Sed et in strictis judiciis ex rescripto divi Marci, opposita doli mali exceptione, compensatio inducebatur.* » (*Institutes*, lib. IV, tit. VI, § 30.)

Ce paragraphe des *Institutes*, que nous avons reproduit en entier à cause de son importance, a donné lieu à deux questions sur lesquelles les auteurs sont en grande divergence. Est-il bien vrai d'abord que ce rescrit de Marc-Aurèle soit une véritable innovation, et ne pourrait-on pas dire que cet empereur n'a fait que consacrer un usage qui existait déjà avant lui ? En second lieu, quelle est la portée de cette innovation ou de cet usage ? L'insertion de l'*exceptio doli* a-t-elle pour effet de faire purement et simplement condamner ou absoudre le défendeur, ou bien permet-elle au juge de restreindre la condamnation ?

La première question, on le voit, est une question de date ; la seconde, une question de principe. Elles sont toutes les deux très gravement controversées.

Étudions le premier point.

On s'est demandé, avons-nous dit, si Marc-Aurèle innovait réellement, si c'était bien lui qui pour la première fois avait donné au juge de l'action de droit strict le pouvoir de tenir compte de la créance du défendeur.

M. Lair ne le croit pas. Le rescrit de Marc-Aurèle, d'après lui, n'est pas une innovation, c'est la confirmation ou l'extension d'un usage existant déjà.

M. Desjardins au contraire, suivant en cela la doctrine de Cujas, soutient que Marc-Aurèle a réellement innové.

C'est cette dernière opinion qui nous semble la meilleure. Nous estimons que, pour étudier et résoudre une question, il faut avant tout s'en rapporter au texte qui a trait directement à la matière; c'est de lui que doit dépendre la solution, et s'il existe certaines dispositions plus ou moins spéciales, certains textes ayant plus ou moins rapport à la question ou netenant à elle que par un côté, nous ne devons pas nous rattacher à eux pour leur attribuer un sens que le législateur n'a jamais eu la pensée de leur donner, et pour en dégager une règle alors qu'ils n'ont été écrits qu'à titre d'exception.

Que nous dit Justinien ? Il ressort des termes du § 30, termes parfaitement clairs et confirmés du reste par la paraphrase de Théophile, que c'est Marc-Aurèle qui en vertu d'un rescrit a introduit la compensation dans les actions de droit strict. Les mots *ex rescripto* et *inducebatur* sont tout à fait explicites.

D'un autre côté, Gaius, après avoir traité de la compensation dans les actions de bonne foi, ne parle pas des actions de droit strict. Ne résulte-t-il pas du silence de Gaius que dans ces actions elle n'était pas encore admise lorsque le *Commentaire* a été écrit ?

Si un usage établi de son temps avait fait de la compensation le droit commun, comment aurait-il négligé de le signaler, lui qui insiste si minutieusement sur la législation exceptionnelle relative à l'*argentarius* et au *bonorum emptor* ?

On objecte qu'il y a une lacune dans le manuscrit de Gaius entre le § 60 et le § 61, et que certainement les phrases qui manquent devaient traiter de l'exception de dol dans les actions de droit strict.

Nous répondrons que cela pouvait être, comme aussi cela pouvait ne pas être ; il n'y a là qu'une pure conjecture, qui ne peut aucunement nous permettre de remplacer les termes qui font défaut. M. Desjardins, du reste, fait remarquer avec beaucoup de raison qu'il n'est pas vraisemblable que le texte perdu parlât de la compensation dans les actions de droit strict. Gaius, en effet, a-t-il pu commencer par s'occuper des actions *stricti juris* pour passer ensuite à celles de bonne foi, et revenir encore aux actions *stricti juris* à propos des règles spéciales à l'*argentarius* et au *bonorum emptor* ? Ne serait-ce pas contraire à toute méthode ?

Le rescrit de Marc-Aurèle, dit M. Lair, prouve par lui-même que l'empereur avait été consulté, et par qui ?

par un magistrat en doute sur la valeur d'un usage récemment introduit. Cet argument, tiré de la forme dans laquelle a été rendue la constitution de Marc-Aurèle, est loin d'être probant. En effet, ne peut-il pas se faire que celui-ci ait été consulté sur une espèce particulièrement favorable, bien que l'exception de dol ne fût pas donnée à cette occasion par la jurisprudence ? Il est facile, du reste, de retourner l'argument contre le système qui en tire parti, en disant que si une consultation avait été jugée nécessaire sur ce point, c'est que l'usage ne devait pas être aussi établi qu'on a pu le croire, c'est qu'on essayait sans doute de l'introduire ; il avait besoin d'une sanction, sanction souveraine, venant d'un empereur : il l'a reçue dans le rescrit de Marc-Aurèle.

Les partisans du système que M. Lair défend, allèguent que l'équité est invariable, que ce qui est dol à une époque est dol à toute époque. La réponse nous est facile. Sans doute la notion de l'équité considérée en elle-même est invariable, mais la façon de l'appliquer a varié suivant les temps et les circonstances. Il est évident qu'avant Marc-Aurèle les Romains ne pouvaient pas voir un dol dans la demande formée par un créancier contre une personne dont il était lui-même débiteur en vertu d'une autre cause. En somme, il n'y avait là qu'un droit qu'on faisait valoir, et celui qui l'exerçait n'entendait pas par cela même se soustraire à l'exercice d'un droit analogue. A l'époque de Gaius, la compensation *ex diversa causa* n'était pas commandée par l'équité ; et ce qui le prouve, c'est que dans les actions de bonne foi, où le juge devait statuer *ex æquo et bono*, nous avons vu qu'on ne pouvait compenser que les obligations provenant de la même cause. Nous pensons que la maxime :

Dolo facit qui petit quod redditurus est, est postérieure à Marc-Aurèle, qu'elle est la conséquence du principe posé par ce dernier, qui a élargi la notion de l'équité et, en admettant la compensation *ex dispari causa*, a donné à l'application de cette équité un champ beaucoup plus large et plus étendu.

M. Lair invoque deux textes à l'appui de son système : la loi 38 (*De rei vindicatione*), qui est de Celsus ; la loi 10 (*De compensationibus*), qui est d'Ulpien.

Celsus, auteur contemporain de Trajan, suppose dans la loi 38 qu'un possesseur de bonne foi a fait sur le fonds qu'il possède des dépenses utiles. Si le propriétaire revendique avec l'intention de revendre et se refuse à payer la plus-value, le défendeur gardera le fonds et sera condamné à en payer la valeur, déduction faite de la plus-value.

C'est bien là ce qui résulte de ces termes : *Finge eam personam esse domini quæ receptum fundum mox venditura sit ; nisi reddit quantum prima parte reddi oportere diximus eo deducto tu condemnandus es.*

Il y a là, dit M. Lair, une compensation évidente. Ce n'est pas notre opinion. Comment en effet pourrions-nous reconnaître une compensation là où il n'y a pas de créance, soit d'un côté, soit de l'autre ? Le revendiquant agit en vertu de son titre de propriétaire, mais il n'exerce pas une créance. Le possesseur lui-même a encore moins de créance à exercer contre le revendiquant. Le préteur lui permet sans doute, au moyen de l'exception de dol, de conserver la chose jusqu'à indemnité ; mais supposons qu'il vienne à perdre la possession, il n'aura pas d'action pour le recouvrement de ses impenses. Il ne naît même pas à son profit une obligation naturelle

M. Desjardins le fait très bien remarquer ; il ne peut pas y avoir de compensation, faute d'objet : « Mais, ajoute cet auteur, comme le propriétaire et le possesseur se trouvent mis en relation par la chose même qui appartient au premier, qui a été améliorée par le second, il convient que le juge fasse un règlement équitable des rapports établis entre ces deux personnes » (pag. 51). C'est tout ce qui doit ressortir de la loi 38 de Celsus. Comme l'équité ne veut pas que l'on s'enrichisse au détriment d'autrui, le juge, sachant que le propriétaire se propose de vendre la chose litigieuse, peut, sans lui faire aucun tort, l'attribuer au possesseur ; il faut seulement que celui-ci indemnise le propriétaire.

Le second texte, la loi 10 (*De compensationibus*), avons-nous dit, est d'Ulpien et relate une disposition de Julien : *In stipulationibus quæ instar actionum habent, id est prætoriis compensatio locum habet ; et secundum Julianum tam in ipsa stipulatione quam ex stipulatu actione poterit objici compensatio.*

Il paraît résulter de ce texte que la compensation avait lieu dans les actions de droit strict même avant Marc-Aurèle, puisque Julien, qui existait à une époque antérieure à celle de ce prince, l'admettait dans l'action *ex stipulatu*.

Ce texte est-il aussi important qu'on peut le croire au premier abord ? M. Desjardins ne le croit pas et raisonne de la façon suivante : « Dans les stipulations prétoriennes, on insérait une *clausula doli* qui donnait un caractère de bonne foi aux actions qui les sanctionnaient, et un libre pouvoir d'appréciation au juge. Sans doute une seule des parties, le défendeur, promettait *dolum abesse abfuturumque ;* mais son engagement suffisait pour transformer le caractère de l'action tout entière, parce qu'une action ne pouvait être de droit strict à l'égard d'une partie et de bonne foi à l'égard de l'autre.

Il ne s'agit donc pas, dans la loi 10, § 3, de véritables actions de droit strict.

Mais alors on fait à ce raisonnement cette objection : En admettant que les actions qui naissent des stipulations prétoriennes aient le caractère de bonne foi, la compensation n'aurait pas pu avoir lieu, parce qu'elle ne pouvait être opérée dans une action de bonne foi qu'*ex eadem causa*. Ce n'est qu'après que la compensation s'est introduite dans les actions *stricti juris* que, par analogie, on a pu l'admettre *ex dispari causa* dans les actions de bonne foi.

Quant à nous, nous ne considérons pas cette objection comme très grave, parce qu'elle naît précisément d'une proposition à laquelle on donne le caractère d'un principe, alors qu'elle ne repose que sur de simples probabilités et non sur des données certaines. En effet, il est loin d'être prouvé que l'effet de l'exception de dol ait été admis dans les actions *stricti juris* avant de l'avoir été dans les actions *bonæ fidei*. Du moment qu'en l'absence de tout texte on admet, comme le font tous les auteurs, que la compensation a eu lieu dans les actions de bonne foi *ex dispari causa*, il est permis de croire que ce fait a pu se produire à une époque antérieure à celle qu'on détermine généralement. Il n'y aurait rien d'étrange que les effets de la compensation aient commencé par s'étendre dans des actions où elle était déjà admise, plutôt que dans les actions où elle était complètement exclue; et nous serions tout disposé à croire que les progrès de l'équité se fussent réalisés en premier lieu dans les actions de bonne foi, c'est-à-dire dans les actions où cette même équité devait servir de règle à la décision du juge.

On fait valoir encore, dans le système que nous combattons, un autre texte, la loi 15 de Javolenus, au titre de la Compensation. Il est ainsi conçu : « J'ai stipulé de Titius une somme payable dans un certain lieu ; il me demande une somme que je lui dois. Faut-il faire entrer en compensation l'intérêt que j'ai à être payé au lieu désigné ? » La réponse du jurisconsulte est affirmative. On fait remarquer qu'il s'agit bien d'une action *stricti juris*, puisque la créance que l'on oppose en compensation provient d'une stipulation. Or l'auteur de cette loi vivait sous Trajan, c'est-à-dire avant Marc-Aurèle. M. Desjardins doute que cette loi ait eu toute l'autorité qu'on lui a attribuée, et nous pensons, comme lui, qu'il faut se défier des textes qui contiennent des principes généraux, des espèces de *regulæ juris*, et ayant reçu certainement des compilateurs une extension que ne leur avaient pas donnée les jurisconsultes. La disposition de Javolenus n'a-t-elle pas été détournée de son sens primitif et véritable ? On peut croire que cette loi 15 s'appliquait simplement à l'*argentarius*, lorsqu'on considère qu'il s'agit dans cette loi de promesses de sommes payables dans des lieux différents, lesquelles promesses rentraient bien par leur nature dans les opérations de banque.

Il existe encore d'autres textes qu'on n'a pas craint d'invoquer : ce sont les lois 5 et 8 de notre titre ; mais nous leur faisons le même reproche. Ces textes, par leurs termes vagues, font estimer qu'ils ont subi une transformation de la part des compilateurs, qui n'ont fait que les adapter au Droit de Justinien.

La seconde question est aussi débattue que la première. Quel fut le rôle de l'exception de dol en matière de compensation dans les actions *stricti juris* ?

D'après Cujas et les anciens interprètes, cette exception donnait au juge le pouvoir de condamner le défendeur au reliquat. Cette opinion est fondée sur le texte même des *Institutes* ; aussi nous paraît-elle la meilleure.

Plusieurs auteurs cependant enseignent aujourd'hui que l'*exceptio doli*, une fois vérifiée, ne peut pas autoriser le juge à restreindre la condamnation, et qu'elle n'a d'autre effet que l'absolution du défendeur. Ils s'appuient sur la place qu'occupe l'*exceptio* dans la formule, sur le rôle qu'elle joue dans la procédure formulaire. Tel est le système de M. Ortolan, développé par lui avec un talent remarquable. Voici les raisons sur lesquelles il s'appuie : « La rédaction des exceptions pose au juge une alternative et l'oblige de condamner ou d'absoudre ; en sorte que l'exception de dol, lorsqu'elle est vérifiée, entraîne nécessairement l'absolution du défendeur et la déchéance du demandeur. Sans doute, il existe certaines exceptions qui permettent au juge de diminuer la condamnation : telle est l'exception *in id facere potest* ; telle est aussi la *deductio* du *bonorum emptor*. Mais ce sont là de pures additions mises à la *condemnatio*, et qui, on peut le dire, n'ont rien de commun avec les exceptions proprement dites.

Cette théorie soulève une objection. Comment, dit-on, peut-il se faire que l'*exceptio doli* ait un résultat aussi rigoureux et aussi inique que celui d'entraîner la déchéance du demandeur, alors que c'est l'équité seule qui l'a fait introduire dans notre espèce ? Cette objection ne porte pas, parce que les effets qui résultent de l'*exceptio doli*, et qu'on attaque ici, se produisent, non seulement en matière de compensation, mais bien encore dans tous les cas où cette *exceptio doli* sera opposée. Ainsi, qu'elle soit donnée au possesseur qui veut recouvrer les frais de labours, ou les frais de réparations, ou bien les sommes payées noxalement à l'occasion du délit d'un esclave ; qu'elle soit donnée à l'héritier quand le légataire d'une servitude de vue la réclame sans offrir l'estimation de la falcidie, elle entraîne toujours la déchéance du demandeur : *exceptione summovetur actor*. Dans tous ces exemples, tirés d'actions arbitraires, l'appréciation des remboursements et paiements se rattache à la revendication ; ils proviennent pour ainsi dire *ex eadem causa*.

Puisque dans les actions arbitraires qui se rapprochent le plus de celles de bonne foi, alors que les deux créances opposées procèdent *ex eadem causa*, l'*exceptio doli* produit son effet rigoureux, il en est ainsi à plus forte raison quand les deux créances sont nées *ex dispari causa* et opposées dans les actions *stricti juris*.

A l'appui de ce raisonnement, M. Ortolan invoque un texte de Paul ainsi conçu : « *Compensatio debiti ex pari specie, causa dispari admittitur ; velut si pecuniam tibi debeam, et tu mihi pecuniam debeas, aut frumentum aut cætera hujusmodi, licet esse diverso contractu, compensare vel deducere debes. Si totum petas, plus petendo causa cadis.* » (Paul ; *Sent.* II, V. 5, § 3.)

Ce texte nous montre le demandeur échouant pour n'avoir pas opéré la compensation ou la déduction lorsque les objets des deux dettes étaient de même nature.

Si logique que fût cette théorie romaine, elle était éminemment rigoureuse. Aussi donnait-on au demandeur plusieurs moyens qui lui permettaient d'échapper aux rigueurs de la *plus petitio*, et d'éviter la déchéance. Il pouvait d'abord réduire lui-même le montant de sa demande; mais il avait mieux : il pouvait, par une *præscriptio* insérée dans la formule, borner la demande à ce qui ne serait pas compensé, et transformer l'*intentio certa* en *intentio incerta*. Enfin il n'avait qu'à attribuer au juge le pouvoir d'opérer la déduction par une addition à la *condemnatio*.

Nous repoussons ce système, et croyons, comme les anciens interprètes, que la compensation, une fois admise dans les actions de droit strict, devait produire dans ces actions le même effet que dans les actions de bonne foi. Pour connaître les conséquences d'un principe, nous pensons qu'il faut avant tout s'en rapporter au texte qui le pose, au lieu d'aller puiser ces mêmes conséquences dans des dispositions plus ou moins étrangères à la matière, et dont la signification, en réalité, est bien différente de celle qu'on leur attribue. C'est le § 30 des *Institutes* qui pose le principe. Il nous apprend qu'au moyen de l'insertion de l'exception de dol, la compensation peut avoir lieu dans les actions de droit strict. Mais quelle est cette compensation qui va se produire? Est-elle semblable à celle que devait pratiquer l'*argentarius?* C'est inadmissible. Ce n'est pas de la *compensatio argentarii*, compensation, nous le savons, toute spéciale dans son application et dans ses rigueurs, que Justinien veut parler. Il ne nous la mentionne même pas; tout ce que nous savons d'elle, nous le tenons de Gaius. Il veut nous parler évidemment de la compensation ordinaire, telle qu'elle se produisait dans les actions de bonne foi. En effet, quand on lit le § 30 des *Institutes*, on y voit que l'empereur définit la compensation à propos des actions de bonne foi, et qu'ensuite il déclare qu'elle a été introduite dans les actions de droit strict. Il s'agit, à nos yeux, de la même compensation produisant les mêmes effets et donnant au juge le pouvoir de restreindre la condamnation. Il n'y a que cette différence : c'est que, dans les actions de droit strict, il faut l'insertion de l'exception de dol. En vain on objecte que le terme de *compensatio* s'applique à l'*argentarius* et donne lieu à des règles particulières. Sous Justinien, les dispositions spéciales aux banquiers ont depuis longtemps disparu; par suite, le mot *compensatio* n'a plus son sens primitif, il a un sens général. Justinien l'applique aux actions de bonne foi : *eo compensato*, comme il l'applique aussi aux actions de droit strict : *compensatio*.

M. Lair, qui a soutenu le système que nous défendons, s'appuie aussi sur le § 30 des *Institutes* ; et cependant cet auteur croit que Marc-Aurèle n'a pas fait d'innovation dans les actions de droit strict. Il supprime par cela même les mots *ex rescripto* et *inducebatur*, qui sont dans la seconde phrase. Nous nous montrons plus conséquent en acceptant le texte dans son intégralité. Il n'est guère possible, quand on a recours à une disposition écrite, de l'admettre pour partie et de la repousser pour l'autre.

Le § 30 des *Institutes* qui donne à notre système toute sa force, est confirmé par Théophile, qui s'exprime en ces termes : « L'empereur Marc a fait une constitution qui dit que si je suis poursuivi par action de droit strict en paiement d'une dette de dix sous d'or, alors qu'il m'en est dû cinq, je puis opposer l'exception de dol, et, par l'effet de cette exception, le juge est mis à même d'admettre la compensation et de me condamner seulement à cinq : *atque hac opposita exceptione, judici occasio datur admittendi compensationem et in solos quinque solidos condemnandi* ».

Ce texte ne peut pas mieux préciser l'effet de l'exception de dol; c'est que, quand Théophile l'a écrit, il avait sans aucun doute le rescrit de Marc-Aurèle sous les yeux.

On a invoqué, dans l'opinion contraire, le texte des *Sentences* de Paul dans lequel il est dit que si le demandeur a négligé d'opérer lui-même la *compensatio* dans son *intentio* ou de recourir à une *deductio*, et qu'il demande le tout, il encourra la *plus petitio* : *Si totam petas, plus petendo causa cadis*.

Cette disposition, il faut en convenir, est très embarrassante et très difficile à expliquer. Mais je ne crois pas que ce soit en elle que nous devions puiser le principe qui régit notre matière. Sans doute elle a trait aux actions *stricti juris* ; c'est ce qui résulte des mots *causâ dispari admittitur*. Mais elle vise une institution toute spéciale dont nous n'avons pas à nous occuper ici. Ce qui prouve qu'il n'est pas question de la compensation dans les actions de droit strict, c'est que le texte nous parle bien de la déchéance de la *plus petitio*, mais n'exige pas l'*exceptio doli* : or nous savons que l'insertion de l'exception était indispensable dans les actions *stricti juris* ; c'est qu'il exige que les objets des deux créances soient de même espèce, *ex pari specie* : or cette condition n'a jamais été nécessaire.

Mais alors, s'il ne s'agit pas de la compensation dans les actions de droit strict, quelle peut être l'institution que vise Paul ? Tous les partisans du système que nous défendons sont d'accord pour écarter ce texte de notre matière, mais ne le sont pas sur l'explication qu'on doit en donner ni sur la solution qu'il faut en déduire.

M. Desjardins soutient que, dans les termes où il nous a été transmis, ce texte est inexplicable, et il conclut de là qu'il a dû subir une altération en passant dans le *Bréviaire* d'Alaric. D'après cet autenr, il s'agit purement et simplement de la *compensatio* du banquier. Paul reproduit en effet, à un mot près, les principes exposés par Gaius à l'égard des *argentarii*, principes dont la sanction était la déchéance de la *plus petitio*. Seulement les jurisconsultes d'Alaric ont dû omettre le mot *argentarius* et n'ont pas respecté une règle spéciale, tombée en désuétude, qui n'était plus pour eux qu'un souvenir historique. C'est aussi l'opinion de M. de Vangerow, qui estime que la disposition de Paul a évidemment été remaniée par les Wisigoths, et par suite ne peut avoir aucune importance dans la discussion.

M. Lair, au contraire, accepte le texte tel qu'il est, et le tient pour authentique. « En effet, dit-il, les jurisconsultes qui composèrent par les ordres d'Alaric la *lex romana Wisigothorum*, n'avaient pas reçu le pouvoir de modifier les textes des lois qu'ils empruntaient, et la comparaison des textes qu'ils nous ont transmis et de ceux qui nous sont parvenus par d'autres sources prouve qu'ils ont été, sauf pour Gaius, fort sobres d'altérations. Cela est prouvé notamment pour les *Sentences* de Paul.» — « Pourquoi supposer altérée une sentence d'une latinité parfaite et qui ne porte pas trace de remaniement ni d'interpolation ? »

Mais si ce texte existe véritablement, et s'il ne nous est pas permis d'en modifier les termes, quelle signification devons-nous lui donner ? M. Lair propose cette explication tout à fait ingénieuse et originale : « Paul prévoit un cas particulier, celui où les objets des deux obligations sont des choses de même nature et exactement fongibles entre elles, *ex pari specie* Le texte n'a pas en vue l'hypothèse spéciale de l'*argentarius* ; c'est ce que prouve la généralité de ses termes : *si tibi pecuniam debeam, et tu mihi pecuniam debeas*. De plus, s'il s'appliquait exclusivement à l'*argentarius*, il ne placerait pas à côté de l'obligation de *compensare* la faculté de *deducere*. Il est question de tout demandeur qui se trouve placé dans la même situation que le banquier, c'est-à-dire étant comme lui créancier et débiteur de choses fongibles entre elles et agissant avec une *intentio certa*. La jurisprudence avait dû exiger de lui qu'il réduisît sa prétention et qu'il n'agît que pour le reliquat. En somme, elle avait généralisé la *compensatio* de l'*argentarius* dont nous parle Gaius, considérant qu'il était facile à tout citoyen, à l'aide de ses registres domestiques où il inscrivait chaque jour ses recettes, ses dépenses, ses opérations de toute nature, de faire la balance entre ce qui lui était dû et ce qu'il devait lui-même, et de poursuivre seulement pour le solde dont il restait créancier. Et si la *compensatio* n'était pas faite, alors qu'il s'agissait de choses fongibles et que l'*intentio* était *certa*, la *plus petitio* était encourue. Toutefois les créanciers ordinaires avaient sur les *argentarii* cet avantage : c'est qu'ils pouvaient éviter les dangers du calcul en agissant *cum deductione*, c'est-à-dire en chargeant le juge de faire lui-même la compensation. Ce n'était qu'à défaut de *compensatio* ou de *deductio* qu'il encourait la déchéance. On voit que, par suite de la *plus petitio*, l'insertion de l'*exceptio doli* n'était pas nécessaire, le défendeur étant suffisamment protégé ; c'est pour cela que Paul n'en parle pas. Au contraire, dans le système adverse, qui applique le texte aux actions de droit strict, il est difficile, sinon impossible, de comprendre cette omission, puisque dans ces actions la compensation ne peut avoir lieu si l'*exceptio doli* n'est pas opposée. Aussi M. Ortolan est obligé de reconnaître lui-même que le fragment de Paul qu'il invoque s'exprime en termes tout à fait impropres. »

Telle est donc l'opinion de M. Lair. Ou bien les deux obligations ont pour objet des choses fongibles entre elles : alors la compensation n'exigeant du demandeur qu'un simple calcul lui est imposée par la jurisprudence, et c'est lui-même qui doit la faire ; ou bien les deux obligations auront pour objet des choses *ex dispari specie :* dans ce cas, la compensation ne pourra plus être que l'œuvre du juge, et il faudra dans la formule l'insertion de l'*exceptio doli*. C'est par conséquent au cas où la nature des objets diffère que s'applique le rescrit de Marc-Aurèle, et l'on comprend très bien qu'il ait fallu une décision impériale pour déclarer que, même dans cette hypothèse, il y avait dol à réclamer l'intégralité de sa créance, et que la compensation devait avoir lieu.

Ce mode d'explication a, il faut en convenir, ce double avantage : c'est que d'abord il exclut le texte de Paul de la discussion et le rend étranger au rescrit de Marc-Aurèle ; c'est qu'ensuite il fait ressortir la signification de ce texte de ses termes eux-mêmes, sans leur faire subir une modification quelconque, sans leur imputer la moindre altération. Mais il pèche en ce sens qu'il introduit dans la compensation en matière d'action de droit strict une distinction qu'aucun texte ne nous permet d'établir et qu'une saine interprétation des principes nous permet encore moins d'adopter.

Le § 30 des *Institutes*, qui doit nous servir de règle, ne fait pas cette distinction ; ses termes généraux prouvent bien que l'innovation de Marc-Aurèle s'applique aux actions de droit strict dans tous les cas, que la nature des objets dus soit la même ou qu'elle soit différente. Si la compensation avait déjà lieu avant Marc-Aurèle, lorsque les deux obligations portaient sur des choses *ex pari specie*, si les effets du rescrit étaient restreints au cas où la nature des objets différait, Justinien nous l'aurait appris. Il ne nous est nullement permis d'ajouter à sa disposition.

Mais c'est surtout lorsque nous lisons la paraphrase de Théophile que cette distinction nous semble inadmissible. Théophile, nous le savons, a confirmé le § 30 des *Institutes*, et, selon les termes de M. Lair lui-même, une erreur de sa part serait bien étrange, car il devait avoir sans doute le rescrit de Marc-Aurèle sous les yeux quand il le citait. Or Théophile est encore plus catégorique que Justinien. Il donne une espèce, et dans cette espèce il nous parle d'obligations dont la nature était la même : *Facta est constitutio Marci imperatoris quæ ait me stricta actione conventum de solidis decem, quum mihi deberentur quinque, posse actioni opponere exceptionem doli; atque hac opposita exceptione judici occasio datur admittendi compensationem et in quinque solidos condemnandi.* Il résulte de ce texte que le défendeur doit dix solides, et qu'il lui est dû par le demandeur cinq solides. Les obligations sont bien *ex pari specie*, et cependant ce n'est pas le demandeur qui aura à opérer la compensation : elle sera l'œuvre du juge, et il faudra l'insertion de l'*exceptio doli* dans la formule. Cet exemple, cité par Théophile, est la condamnation pure et simple de l'explication de M. Lair, et nous prouve de la façon la plus évidente que la distinction proposée par cet auteur n'a pas existé.

Ajoutons que cette théorie se heurte non seulement contre les textes, mais encore contre les principes établis; en sorte que, même à défaut de la paraphrase de Théophile, nous ne saurions admettre l'extension de la *compensatio argentarii*. Comment croire que la jurisprudence, au moment où Marc-Aurèle venait d'admettre la compensation dans les actions de droit strict, *æquitatis causa*, pût généraliser une institution rigoureuse qui ne trouvait sa raison d'être que dans la profession même de l'*argentarius*, et appliquer cette institution à tous les citoyens? La jurisprudence, au contraire, n'est-elle pas toute portée à élargir de plus en plus les règles de l'équité, et à supprimer des dispositions de rigueur plutôt que de les étendre? Comment comprendre enfin qu'un simple particulier fût astreint à faire lui-même la balance de sa créance et de sa dette à une époque où, les registres domestiques étant tombés en désuétude, il n'était pas astreint comme le banquier à une comptabilité régulière?

Nous nous sentons forcé de reconnaître, comme M. Desjardins, que les termes de la *Sentence* de Paul n'ont pas conservé leur pureté primitive. A l'origine, il devait être question, dans ce texte, du banquier. Les compilateurs d'Alaric ont dû supprimer la mention relative à l'*argentarius* et ajouter le mot *deducere*. Peut-être même ce mot, au lieu d'exprimer l'opération toute spéciale du *bonorum emptor*, a-t-il un sens plus général et signifie-t-il soustraire, déduire une valeur d'une valeur plus grande.

Quoi qu'il en soit, et sans discuter plus longtemps sur les explications plus ou moins exactes du fragment de Paul, sur l'autorité plus ou moins grande qu'il faut lui donner, il est un point qu'il faut retenir : c'est que ce texte est complètement étranger au rescrit de Marc-Aurèle, et ce qui le prouve, c'est qu'il ne parle pas de l'insertion de l'*exceptio doli* ; c'est ensuite qu'il impose comme condition que les obligations aient pour objet des choses *ex pari specie*. Or, Justinien dans son § 30, et Théophile dans sa Paraphrase, nous montrent la compensation s'opérant d'une façon générale dans les actions de droit strict, sans qu'il soit nécessaire que les choses soient fongibles entre elles. Une pareille condition, du reste, aurait été inexplicable à une époque où toute condamnation aboutissait à une somme d'argent.

Mais M. Ortolan, pour soutenir son système, ne s'appuie pas seulement sur le texte de Paul ; il s'autorise des principes de la procédure romaine : ainsi, il fait valoir le rôle que jouait l'*exceptio* d'une façon générale. Gaius (IV, § 119) la présente comme une condition qui, vérifiée, ôte au juge le pouvoir de condamner, et d'autre part Ulpien (L. XI, *pr. De except.*, 44, 1) lui donne pour but l'exclusion de l'*intentio* ou de la *condemnatio*.

Quoiqu'il semble résulter de ces textes que l'exception prouvée aboutit forcément à une absolution, nous ne croyons pas cependant devoir en tirer une règle générale : une pareille règle viendrait se heurter contre les textes eux-mêmes et contre le bon sens.

Paul (L. XXII, *pr. De except.*, 44, 1) nous dit que l'exception est une condition qui tantôt écarte absolument la condamnation, tantôt la diminue : *exceptio est conditio quæ modo eximit reum damnatione, modo minuit damnationem.* Cette disposition, qui nous vient d'un jurisconsulte de l'époque classique, ne devrait-elle pas nous suffire pour prouver qu'une *exceptio* peut avoir pour effet, soit la déchéance du demandeur, soit la réduction du chiffre posé dans la condamnation ? M. Ortolan répond que les mots : *quæ modo eximit damnatione*, ont trait aux exceptions que l'on met dans l'*intentio*, tandis qu'au contraire les mots : *quæ modo minuit damnationem*, se réfèrent aux exceptions ou plutôt aux *adjectiones* qu'on met dans la *condemnatio* avec le mot *duntaxat*.

Mais cette assertion, à nos yeux, n'a aucune force, car elle n'est soutenue par aucun texte. On peut dire que la disposition de Paul trouve sa parfaite raison d'être ; le simple bon sens nous démontre que dans certains cas l'exception ne peut avoir d'autre effet que la diminution de la condamnation : par exemple, lorsque le moyen opposé sous forme d'exception ne s'applique pas à tout l'objet de la demande : telles sont les exceptions *hereditatis restitutæ ex Trebelliano*, et *si non et illi solvendo sint.* Il est d'autres exceptions qui tantôt écartent et tantôt diminuent la condamnation, suivant qu'elles attaquent l'*intentio* tout entière ou qu'elles n'en attaquent qu'une partie. Ainsi, l'exception *quod facere potest*, dont le but est de restreindre la condamnation si le défendeur a peu de chose, et de le faire absoudre s'il n'a rien ; ainsi, l'exception du sénatus consulte Velleien dont parle Africain : Une femme contracte avec Titius et devient avec ce dernier débiteur de la même somme. Elle est considérée comme ayant intercédé pour Titius ; elle ne pourra être poursuivie que pour sa quote-part dans la dette, et, si le créancier demande le tout, il sera écarté pour partie par l'exception : *Quod si totum petierit, exceptione pro parte summovetur.*

M. Ortolan, après avoir invoqué les principes qui régissent l'exception d'une façon générale, cite une série de fragments relatifs, soit à des actions arbitraires, soit à des actions de droit strict, dans lesquelles on voit l'exception de dol n'ayant d'autre résultat que la déchéance du demandeur. C'est ce que prouvent les mots *summovere, repellere.* Le rôle que l'*exceptio doli* joue dans ces actions doit, selon cet auteur, être étendu à notre matière de la compensation. Nous répondrons qu'il existe d'autres textes qui montrent clairement que l'effet de l'exception peut être simplement une restriction de la condamnation.

Citons d'abord la loi 16, *De doli mali exceptione.* On suppose qu'un *furiosus* délègue à son créancier son débiteur. Ce dernier paie, croyant le délégant sain d'esprit, et par conséquent capable. Il est poursuivi à nouveau ; il pourra se défendre par l'exception de dol, dans la mesure du profit retiré par le fou : *Exceptione doli in id quod in rem furiosi processit defenditur.* (L. XVI, D. 44,4.)

La loi 16, *Ad legem falcidiam* suppose que plusieurs objets ont été légués à la même personne. Après la délivrance partielle d'un legs, l'héritier actionné pour le surplus peut retenir la *quarte falcidie,* même pour les objets qu'il a délivrés : *falcidiam plenam etiam pro his quæ jam data sunt, per doli exceptionem retinere potest.*

Invoquons aussi la loi 9, § 1, *De condictione causa data, causa non secuta* (D. 12,4), qui suppose l'exception insérée dans une action *ex stipulatu.* Une personne s'étant crue par erreur débitrice d'une femme, promet, sur l'ordre de celle-ci, le montant de sa prétendue dette au fiancé. Le mariage a lieu ; le stipulant agit contre le promettant : il ne pourra pas se voir opposer l'*exceptio doli*, car il n'a commis aucun dol et ne peut être privé d'une dot sur laquelle il avait droit de compter.

Mais supposons qu'il n'exerce son action qu'après la dissolution du mariage : alors l'*exceptio doli* pourra lui être valablement opposée, mais seulement pour la partie de la somme que la femme a le droit de reprendre : *in eo duntaxat exceptionem obstare debere quod mulier receptura esset.*

Le mot *duntaxat*, qui se trouve dans les dispositions que nous venons de citer, prouve bien que la réduction est l'œuvre du juge, et c'est en vain qu'on soutient, dans l'opinion contraire, que c'est le demandeur qui doit faire lui-même cette réduction dans l'*intentio*, sous peine de se voir déchu de son droit. Un tel système serait impraticable. Comment forcer le demandeur à juger lui-même sa prétention ; comment lui imposer l'obligation de faire des évaluations difficiles et compliquées, dans lesquelles la moindre erreur entraînerait une déchéance?

On peut dire qu'il ressort de tous les textes que nous venons de citer, non pas, comme on le prétend dans le système adverse, une simple menace de l'*exceptio doli*, mais bien l'emploi réel de cette *exceptio* donnant au juge un pouvoir d'appréciation.

La doctrine que nous soutenons est corroborée par la loi 15, *De doli mali exceptione* (D. 44,4). Cette disposition, qui est de Scœvola, contemporain de Gaius et de Marc-Aurèle, nous montre l'*exceptio doli* opposée par le défendeur et conférant au juge un pouvoir d'appréciation. Voici ce que ce texte renferme : Un fidéjusseur a garanti l'éviction d'un fonds, et l'acheteur a été évincé ; le fidéjusseur, condamné à raison de cette éviction, est prêt à payer, outre le montant de la condamnation, tout ce qui est dû à raison de la vente, *omnia quæ jure empti continentur*. Si, malgré cette offre, l'acheteur intente contre lui l'*actio judicati*, pourra-t-il le repousser au moyen de l'*exceptio doli ex causa judicati* ? C'est là ce que demande Scœvola : *Quæri an agentem emptorem exceptione ex causa judicati doli mali summovere potest. Respondit exceptionem quidem opponi esse judicem autem æstimaturum, ut pro damnis emptori satisfiat.*

Le jurisconsulte répond que l'exception pourra être opposée et que le juge aura à apprécier le dommage causé par l'éviction. Il faut évidemment, dans le texte que nous venons de citer, rapprocher les mots *causa judicati* de *agentem*, et les mots *doli mali* de *exceptione* ; c'est la leçon de Pothier. Mais, du reste, quand même on ne déplacerait pas les termes, et qu'on entendrait qu'il s'agit de l'action *empti*, que l'exception de dol est opposée à raison de la chose jugée, la conséquence, à notre point de vue, est la même, à savoir: que l'exception n'entraîne pas l'absolution du défendeur, mais qu'elle donne au juge un pouvoir d'appréciation.

Remarquons que l'expression *summovere*, sur laquelle se fonde M. Ortolan pour établir que l'effet de l'exception est d'entraîner la déchéance complète du demandeur, est aussi employée ici ; et cependant il résulte de la seconde phrase que le pouvoir d'appréciation est donné au juge. On est obligé de reconnaître, à moins de supposer une contradiction flagrante entre les termes de notre texte, que le mot *summovere* ne signifie pas toujours et absolument que le demandeur sera déchu de son droit, et qu'il a un sens plus large que celui qu'on lui donne généralement. C'est ce qu'enseigne M. Desjardins ; il confirme cette interprétation par la citation de deux textes dont le rapprochement nous semble avoir une grande portée. Dans la loi 17, § 2, *Ad senatusc. Vell.* (D. 16,1), il est dit : « *Quod si totum petierit exceptione pro parte summovendus est* ». Et dans la loi 2 *De compensationibus*, Julien dit : « *Unusquisque creditorem suum, eumdemque debitorem, petentem summovet, si paratus est compensare* ». Cette loi, qui est de Julien, et par suite antérieure d'un demi-siècle environ à Marc-Aurèle, ne peut donc viser que les actions de bonne foi. Le mot *summovere*, par conséquent, n'implique pas l'idée de déchéance, puisque la déchéance n'était pas encourue dans les actions de bonne foi ; il signifie simplement un moyen de défense opposé efficacement.

En présence des textes aussi formels que ceux que nous venons de citer, il nous semble impossible de ne pas reconnaître que l'exception de dol pouvait avoir pour effet une simple réduction de la condamnation. C'est en vain qu'on invoque le rôle de l'exception dans la procédure romaine et qu'on cite le texte de Gaius (IV, § 119). Ce texte ne prouve rien ; il suppose une exception de dol fondée sur ce que l'argent promis n'a pas été compté. Comme dans cette espèce le dol vicie la demande entière, il doit la faire échouer pour le tout. La décision de Gaius serait toute différente si le demandeur avait compté une partie de la somme.

Pour compléter notre argumentation, nous citerons encore deux textes relatifs à des actions en revendication. Ces textes n'ont pas pour but de prouver que la compensation, telle que nous l'entendons, ait été admise dans les actions de droit strict, puisque, selon nous et contrairement à M. Lair, ils ne prouvent même pas que dans les actions *in rem* arbitraires, le juge ait le pouvoir de faire des compensations *ex eadem causa*, comme dans les actions *in personam bonæ fidei*. Mais ils nous montrent l'influence que peut exercer l'*exceptio doli* sur l'action quand elle y est introduite, et nous font voir une action *in rem*, par suite de l'insertion de cette *exceptio*, devenant une action de bonne foi.

Papinien nous dit dans la loi 42, *De mortis causa donationibus* : *Doli non inutiliter opponetur exceptio, bonæ fidei autem judicio constituto*. Et dans la loi 38, *De rei vindicatione*, Celsus s'exprime ainsi : *Bonus judex varie ex personis causisque constituet*. Il en résulte que l'*exceptio doli* donne à l'action *in rem* le caractère d'une action de bonne foi, et qu'elle confère au juge un pouvoir d'appréciation beaucoup plus grand que celui qu'il tient de l'*arbitrium*.

Nous sommes convaincu que l'*exceptio doli* devait exercer la même influence en matière de compensation. Cela résulte des nombreux textes que nous avons cités ; nous avons vu que l'insertion de cette exception donnait à des actions *stricti juris* par excellence, comme l'action *ex stipulatu*, l'action *judicati*, le caractère d'actions *bonæ fidei* ; et puisque, par suite de cette insertion, les actions de droit strict étaient en quelque sorte transformées en actions de bonne foi, la compensation qui s'y produisait devait fatalement avoir les mêmes effets que dans ces dernières.

Ajoutons que si notre système a pour lui la logique ainsi que les textes, il a également pour lui l'équité.

Quoi de plus inique que la déchéance totale du demandeur ! Par le seul fait que ce dernier est débiteur, doit-il être privé de sa créance ? M. Pilette répond à cela que l'iniquité n'est qu'apparente : demander, selon cet auteur, ce qui n'est pas dû, c'est commettre un outrage ; les Romains infligeaient comme punition la déchéance. Mais nous ne voyons rien d'outrageant dans l'exercice d'un droit. Si le demandeur était débiteur, il était aussi créancier. La compensation, à Rome, n'a jamais été un mode d'extinction d'obligations ; donc, il est complètement faux de dire qu'il demandait ce qui ne lui était pas dû.

L'institution de la compensation repose sur le principe d'équité ; et si, guidé par ce principe, Marc-Aurèle l'a introduite dans les actions de droit strict, c'est bien pour favoriser le défendeur qui se trouve en même temps créancier, mais ce n'est pas pour faire subir un contre-coup funeste au demandeur. Les droits de tous doivent être respectés, et le juge appréciera.

M. Ortolan, reconnaissant les rigueurs de son système, cherche, non pas à les justifier, mais à les adoucir en indiquant plusieurs procédés qui étaient à la disposition du demandeur. Mais ces procédés existaient-ils véritablement ? Quel est le texte qui les mentionne ? Nous n'en trouvons nulle part aucune trace.

Disons enfin que ce système serait souvent impraticable. On oblige le demandeur à faire lui-même la compensation ; encore faut-il que cela soit possible. On peut comprendre que la compensation soit l'œuvre d'une partie, quand les objets sont de même nature, *ex pari specie*. Mais supposons que les deux dettes portent sur des choses différentes : du blé et du vin, par exemple ;

alors il faut nécessairement l'appréciation du juge, parce que l'opération est délicate et implique un calcul plus ou moins compliqué. Et cependant le système que nous combattons, à moins de faire une distinction que rien ne saurait autoriser, condamne, même dans ce cas, le demandeur à opérer la compensation : il l'astreint à une obligation à laquelle l'*argentarius* lui-même n'est pas soumis.

Nous venons d'étudier la compensation dans les actions de droit strict, et nous avons vu les effets qu'elle y produisait. Dans ces actions, elle avait toujours lieu *ex dispari causa*. Aussi décide-t-on généralement que la compensation, depuis Marc-Aurèle, dut, par analogie, s'introduire dans les actions de bonne foi, *ex causa dispari*. Quoique aucun texte ne nous renseigne là-dessus, nous ne contestons nullement que la compensation ait été étendue dans les actions de bonne foi. Bien plus, ainsi que nous l'avons déjà dit, nous croyons, à la différence des auteurs, que cette extension s'est même produite avant Marc-Aurèle, et qu'elle a été, non la conséquence, mais plutôt le préliminaire de l'admission de la compensation dans les actions de droit strict. Toutefois le juge ne put être autorisé à tenir compte de la compensation *ex omni causa* dans les actions de bonne foi que lorsque l'*exceptio doli* était insérée, son pouvoir de juger *ex æquo et bono* ne s'appliquant qu'à l'affaire qui lui était soumise.

L'insertion de cette exception dans les actions *bonæ fidei* donnait au juge le pouvoir de condamner au reliquat, comme lorsqu'il statuait *ex eadem causa*. Mais si on ajoutait foi au système de M. Ortolan, comme l'effet de l'*exceptio doli* était le même, qu'elle fût insérée dans les actions *bonæ fidei* ou qu'elle le fût dans les actions *stricti juris*, il faudrait dire que le juge n'avait qu'à condamner ou absoudre. On arriverait alors à cette conséquence aussi inique que bizarre : c'est que, dans une action de bonne foi, tandis que le demandeur auquel on opposerait une créance provenant de la même cause intenterait sans danger son action pour le tout et obtiendrait une condamnation au reliquat, celui, au contraire, auquel on ne pourrait opposer qu'une créance étrangère au procès, se verrait déchu de son droit comme coupable de dol !

§ 5. — Actions in rem.

A l'époque classique, la compensation était-elle admise dans les actions *in rem ?* Nous ne le croyons pas. Aucun texte de Gaius ne nous parle de la compensation dans ces sortes d'actions. D'un autre côté, Justinien nous dit, au § 30 des *Institutes*, que c'est à lui qu'est due l'admission de la compensation dans toutes les actions sans distinction : « Sed nostra constitutio eas compensationes »quæ jure aperto nituntur, latius introduxit, ut actio- »nes ipso jure minuant, *sive in rem*, sive in personam, »sive aliascumque ». Et en effet nous trouvons au Code une disposition de cet empereur (L. XIV, C. *De comp.*) qui supprime toute différence existant antérieurement entre les actions *in rem* et les actions *in personam*. Ce texte est catégorique et prouve que la compensation, avant Justinien, était exclue des actions *in rem*. Cela se comprend très bien. L'action *in rem* suppose un rapport entre une créance et une chose, si bien que le nom du défendeur n'a pas à entrer dans la formule. Le possesseur n'est pas le débiteur du demandeur. Il s'ensuit qu'il ne peut pas opposer la compensation. Pour qu'une balance puisse s'établir entre deux dettes, tout au moins faut-il que ces deux dettes existent en réalité. Si donc je me prétends propriétaire du fonds Cornélien, je puis exercer mon action en revendication contre le possesseur dudit fonds, malgré toutes les créances que ce dernier pourrait avoir contre moi. Le juge est forcé de reconnaître mon droit de propriété. On objecte que le défendeur devient en quelque sorte débiteur par l'effet du quasi-contrat judiciaire. Nous répondons que ce quasi-contrat se forme au moment de la *litis contestatio*, c'est-à-dire à un moment où les exceptions ne peuvent plus être opposées. Sans doute, sous le système formulaire, la condamnation se résout dans une somme d'argent; mais dans les actions *in rem*, le juge, en vertu de l'*arbitrium*, donne ordre au défendeur de fournir au demandeur telle ou telle satisfaction : au possesseur d'un fonds, par exemple, de faire la restitution de ce fonds. Que devient l'*arbitrium* si la compensation est admise ? Le défendeur refusera certainement d'exécuter l'ordre du juge, afin de faire balancer le montant de sa condamnation avec ce qui peut lui être dû.

M. Lair, qui soutient que la compensation était possible à l'époque classique dans les actions *in rem*, invoque des textes qui, je crois, n'ont pas trait à la matière. Ce sont la loi 38, *De rei vindicatione*, et la loi 48, au même titre. Ces lois se rapportent simplement au droit de rétention donné au possesseur de bonne foi pour obtenir le règlement équitable de ses déboursés.

DEUXIÈME SECTION.

De la nature, des conditions et effets de la Compensation.

§ 1er. — Nature de la compensation.

Quelle que soit l'époque à laquelle on se place, nous devons dire que la compensation, en Droit romain, n'a jamais été un mode d'extinction d'obligations. Sans doute elle a subi l'influence des transformations successives dont la procédure romaine a été l'objet, mais elle a toujours conservé le même caractère, celui de judiciaire.

Cependant les auteurs de l'ancien Droit, se fondant sur les expressions *ipso jure* que l'on trouve dans un certain nombre de textes, soit de Justinien, soit de l'époque classique, ont soutenu que la compensation, à Rome, était légale. Cette interprétation, toute fausse qu'elle était, a servi de base à l'établissement de la compensation légale dans notre ancien Droit, laquelle compensation a été reproduite par notre Code civil (art. 1234).

Avant de réfuter l'opinion de nos anciens auteurs, nous devons préalablement rechercher l'importance de la question qui nous occupe ; nous devons préciser l'intérêt de la controverse, en déterminant soigneusement les caractères qui s'attachent à une compensation légale.

Si la compensation s'opère par la seule force de la loi, il en résultera les conséquences suivantes :

1° Elle produira ses effets même à l'insu des parties.

2° Le débiteur qui aura payé par erreur la dette compensée, voyant l'action de sa créance légalement éteinte, n'aura plus que la *condictio indebiti*. Il n'aura même pas cette voie de recours, s'il se laisse condamner et paie sur l'action *judicati*. — En effet, la *condictio indebiti* n'est pas donnée à celui qui paie à la suite d'un jugement (L. 74, § 2. *D. De judic.*, 5,1).

3° Lorsque l'un des coobligés deviendra créancier du créancier commun, l'extinction de la dette s'opérera à l'égard de tous, sauf leur recours entre eux.

4° Il sera nécessaire que les deux dettes aient pour objet des choses fongibles et de même qualité, car on ne saurait contraindre un créancier à recevoir autre chose que ce qui lui est dû.

5° Lorsque l'une ou l'autre des parties aura agi sans tenir compte de la compensation, elle succombera, par l'effet de la *plus petitio*.

Toutes ces conséquences tombent si la compensation est judiciaire au lieu d'être légale.

Ceci posé, nous allons examiner les textes sur lesquels se fondent les anciens auteurs. Pour le moment, nous nous limitons aux textes de l'époque classique. Nous verrons plus tard, dans un autre chapitre, lorsque nous étudierons les innovations de Justinien, si le caractère que nous attribuons à la compensation sous le système formulaire a pu se modifier dans la dernière période du Droit romain, et si les textes qui nous viennent de Justinien et qu'on invoque également dans l'opinion contraire, sont plus concluants que ceux qui vont être maintenant l'objet de notre étude.

On s'appuie sur trois textes de Paul et sur la loi 11 d'Ulpien (D. *De comp.*)

Il résulte de ces diverses dispositions que la compensation, soit dans les actions de bonne foi, soit dans les actions de droit strict, a lieu *ipso jure*. Sur l'interprétation de ces mots, les anciens jurisconsultes, il est vrai, n'étaient pas d'accord.

Ipso jure, d'après les uns, prouvait que la compensation s'opérait par la seule force de la loi, et, reconnaissons-le, dans cette interprétation ils recevaient leur signification ordinaire : *Verba ipso jure intelliguntur sine facto hominis*, disait Spigellius ; de même Prategus : *Ipso jure consistere dicitur quod ex sola legum potestate et auctoritate, sine magistratus opera consistit.*

D'autres tiraient de ces expressions une explication purement négative. *Ipso jure*, d'après eux, étaient employés par antithèse aux mots *exceptionis ope*. Et Cujas disait : « Il n'est pas nécessaire d'opposer l'exception de dol ; il faut dire que la compensation est accomplie *ipso jure* ».

Mais, quel que soit le sens qu'ils donnaient à ces mots *ipso jure*, les auteurs de l'ancien Droit arrivaient à la même conclusion : la compensation était légale en Droit romain.

Ainsi, elle était légale dans les actions de bonne foi, puisque l'exception y était inutile ; sans doute elle avait lieu devant le juge ; mais ce dernier, dit-on, ne faisait que la constater.

De même, elle était légale dans les actions de droit strict. Cela résulte de la loi 4, de Paul : *Verum est, quod et Neratio placebat, et Pomponius ait, ipso jure eo minus fidejussorem ex omni contractu debere, quod ex compensatione retinere potest ;* et de la loi 21 du même jurisconsulte : *Postea quam placuit inter omnes, id quod invicem debetur, ipso jure compensari, si procurator absentis conveniatur, non debebit de rato cavere, quia nihil compensat, sed ab initio minus ab eo petitur.*

On soutient qu'il s'est accompli, pendant l'époque qui sépare Paul de Marc-Aurèle, toute une révolution dans les principes de la jurisprudence, en sorte que l'*exceptio doli* exigée par cet empereur n'aurait plus été nécessaire.

G. Noodt va même plus loin. La compensation légale aurait eu lieu dans les actions de droit strict, même avant Marc-Aurèle, le rescrit de ce dernier n'étant contre elle qu'une tentative de réaction, et les Prudents lui auraient restitué son véritable caractère.

A ces deux textes de Paul, on ajoute le texte des *Sentences* que nous connaissons déjà : *Si totum petas, plus petendo causa cadis.* La plus pétition n'implique-t-elle pas l'extinction préalable de tout ou partie de la créance ?

On s'appuie ensuite sur la loi *De comp.* Ulpien dit dans cette loi que lorsque deux associés auront apporté à l'affaire commune une égale négligence, ils cesseront d'être obligés l'un envers l'autre, la compensation de leur négligence s'opérant *ipso jure.* L'un d'eux a-t-il tiré profit de la chose commune, tandis que l'autre a apporté une négligence reconnue équivalente en moins-value au gain du premier : ils sont encore, *ipso jure*, libérés de leurs obligations réciproques.

De plus, il existe dans la même loi une autre disposition dans laquelle il est dit que celui qui aura payé, alors qu'il pouvait compenser, pourra exercer la *condictio indebiti : Si quis igitur compensare potens solverit, condicere poterit, quasi indebito soluto.* Donner ici la *condictio indebiti* à celui qui aura payé, c'est dire que la dette a été éteinte par le seul fait de la compensation.

On invoque enfin la loi 11 d'Ulpien, relatant, dit-on, une constitution d'Alexandre Sévère, d'après laquelle les intérêts cessaient d'être dus à partir du moment où les deux dettes coexistaient : c'est que ces deux dettes étaient éteintes par compensation.

Dire que les textes que nous venons de citer consacrent la compensation légale, c'est évidemment leur donner un sens qu'ils n'ont jamais eu.

Et d'abord nous repoussons les trois textes de Paul. Nous avons vu que la disposition des *Sentences* se référait à l'*argentarius*. Il en est de même des lois 4 et 21 qui parlent de *plus petitio*; et nous savons que cette déchéance était spéciale aux banquiers. Il est probable que Justinien a voulu approprier ces deux lois à la législation de son temps ; et pour cela, de même qu'il y a retranché la mention de l'*argentarius*, il y a introduit les mots *ipso jure*.

Les expressions qui se trouvent au commencement de la loi 21 sont peut-être embarrassantes : *Postea quam placuit inter omnes ;* et l'opinion contraire y voit l'indication d'une grande innovation apportée par les Prudents, à savoir : l'introduction de la compensation légale dans toutes les actions. Mais, pour croire à une pareille innovation, il nous faudrait un texte beaucoup plus explicite, dont nous puissions en déduire que la compensation ait pu ainsi se transformer et perdre son caractère de judiciaire. Aucune disposition ne consacre une pareille révolution, et si la jurisprudence avait fait de la compensation un mode d'extinction d'obligations, sa place désormais devrait être à côté du paiement ; or Justinien traite la compensation au titre des actions.

Mais alors, comment expliquer les premiers mots qui commencent la loi 21 ?

M. Desjardins donne une interprétation qui ne manque pas de fondement : « Cette loi ne s'explique-t-elle pas plus naturellement, si l'on suppose encore que Paul y avait parlé de l'*argentarius* ? Gaius ne nous dit pas comment s'était établie l'obligation de compenser spéciale à l'*argentarius*. Il est vraisemblable que c'était la jurisprudence qui l'avait introduite : *placuit inter omnes*.. La mention de la plus petition s'applique sans difficulté à cette hypothèse spéciale ».

Nous sommes tout porté à croire, comme M. Desjardins, que l'innovation introduite par les jurisconsultes, et dont il est question dans la loi 21, a trait à la *compensatio argentarii*, et nous reconnaissons qu'il est impossible de l'étendre à tous les cas où deux dettes coexistent.

Nous avons vu que l'opinion contraire ne s'était pas appuyée seulement sur les textes de Paul. Elle invoque plusieurs autres dispositions : ainsi la loi 10 d'Ulpien, et, il faut le reconnaître, il s'agit bien là d'une véritable compensation légale. Les termes de cette loi sont trop clairs pour qu'on puisse en dissimuler le sens : *desinere nos invicem esse obligatos*, *ipso jure invicem liberationem*. On a dit que cette loi ayant trait à l'action *pro socio*, qui est une action de bonne foi, les mots *ipso jure* signifiaient simplement que la compensation était commandée par la nature de l'action, et que le juge, ayant à statuer *ex eadem causa*, devait l'opérer sans qu'il fût besoin d'une exception. C'est là une explication trop facile et qui rend inutile la disposition d'Ulpien. Comment supposer que ce jurisconsulte vienne relever ici, à propos de l'action *pro socio*, une circonstance commune à toutes les actions *bonæ fidei*, à savoir : que ces actions ne nécessitaient pas l'insertion de l'exception.

Il y a donc un cas où la compensation s'opère légalement : c'est lorsque deux associés auront chacun commis une faute, et, ajoute le texte, que cette faute sera égale. Ce cas est tout à fait exceptionnel ; il constitue une dérogation au principe général, dérogation qui, à nos yeux, ne trouve pas sa justification. M. Desjardins fait remarquer que les principes de la société ont un caractère tout particulier. Ainsi, dit cet auteur, c'est dans ce contrat que le principe des intérêts moratoires fut posé pour la première fois. Sans doute ; mais est-ce une raison pour admettre en matière de société la compensation légale, alors qu'il faut l'office du juge dans toute autre hypothèse ? On évitera des procès, ajoute-t-on. Nous répondons qu'il y aura toujours contestation sur l'étendue des fautes de chacun des associés et sur la question de savoir si elles sont égales. Toutefois, qu'elle soit fondée ou qu'elle ne le soit pas, cette disposition existe ; mais elle est, nous le répétons, tout exceptionnelle, et par suite l'argument que les auteurs de l'ancien Droit ont tiré de la loi 10 n'a aucune valeur.

Cette même loi 10 donne, nous le savons, la *condictio indebiti* à celui qui aura payé sans opposer la compensation. Mais cette *condictio indebiti* prouve-t-elle extinction de la dette ? Nullement. N'est-elle pas donnée en effet d'une façon générale à quiconque pouvait opposer une exception perpétuelle, et l'exception fondée sur la compensation n'a-t-elle pas ce caractère ? Mais ce qui est le plus concluant, c'est que la partie qui a payé n'a pas pour unique ressource la *condictio indebiti* ; elle conserve l'action attachée à sa créance, et cela quand même elle aurait payé en connaissance de cause. C'est là ce qui résulte de plusieurs textes. Ainsi la loi 13, C. des empereurs Dioclétien et Maximien, permet à celui qui a offert la compensation d'exercer encore son action primitive, en rendant ce qu'il avait voulu compenser : *Redditis his quæ venerant in compensationem, non inde-*

biti soluti repetitio sed ante debiti competit exactio. Ainsi, la loi 7, § 1, *De comp.*, dit que lorsque le juge n'aura pas tenu compte de la compensation, l'action du défendant reste entière. De même, la loi 6, C. *eod.*, assure au mari poursuivi par la femme en restitution de dot l'avantage de pouvoir opposer la créance qu'il a *ob res amotas.* Et la loi 1, § 4, *De contraria tutelæ actione*, dit que le tuteur poursuivi peut choisir : *Utrum compensare an petere velit sumptus.*

Il est évident que dans le système d'une compensation légale, le défenseur n'aurait pas d'option.

On s'est encore fondé sur la loi 11 d'Ulpien, qui dit que, du jour où les deux dettes coexistent, les intérêts ne courent ni d'un côté ni de l'autre. Nous voyons dans cette décision, non pas la conséquence de l'extinction des deux dettes, mais un simple développement de l'équité sur laquelle la compensation repose. Si le principe de la compensation légale avait été admis, la cessation du cours des intérêts, en découlant nécessairement, se serait produite sans avoir besoin d'être consacrée par une Constitution impériale. Nous ferons remarquer que la Constitution relatée par la loi 11 est, non pas d'Alexandre Sévère, mais de Septime Sévère. Cela résulte du mot *divus*, qualification qu'Ulpien ne peut donner à Alexandre puisqu'il ne lui a pas survécu. Cette remarque a son importance. Elle nous prouve que cette Constitution est antérieure à la réforme attribuée à Paul et à l'empereur Alexandre Sévère, et, par suite, qu'elle est indépendante du principe qui aurait été admis de leur temps.

Nous avons défendu notre opinion en nous plaçant au point de vue des textes. Nous allons maintenant nous placer au point de vue des effets de la compensation. Si l'on admet le principe de la compensation légale, on admet aussi les conséquences qui en découlent et que nous avons mentionnées plus haut. Or ces conséquences ne se sont jamais produites. Celui qui a payé une dette qu'il pouvait compenser, a-t-il seulement la *condictio indebiti?* Non ; nous avons vu qu'il a encore l'action attachée à sa créance. Et en supposant qu'il ait payé sur l'action *judicati*, il conserve son action toutes les fois qu'il n'y a pas chose jugée, c'est-à-dire lorsque le juge n'a pas rejeté la compensation par le motif qu'il n'était rien dû au défendeur : *Si rationem compensationis judex non habuerit, salva manet petitio.*

La compensation s'opère-t-elle à l'insu des parties? Nullement, puisque dans les actions de droit strict elle exige une condition nécessaire : l'opposition de l'exception de dol, puisque dans les actions de bonne foi elle n'a pas toujours lieu et que, quand le défendeur omet ou néglige de l'invoquer ou lorsque le juge n'en tient pas compte, l'action primitive subsiste.

L'extinction de la dette s'opère-t-elle à l'égard de tous les coobligés ? Non; nous verrons, en traitant les conditions de la compensation, que le débiteur ne profite pas de la créance de son codébiteur, lorsqu'il n'y a pas société. (L. X, *De duobus reis*, 45,2.)

La fongibilité est-elle une condition nécessaire ? Assurément non. La compensation peut s'opérer entre obligations *ex dispari specie*, et alors même qu'une des choses dues est un corps certain, puisque la condamnation est pécuniaire. Cette proposition est du reste sanctionnée par plusieurs textes. (D. L. XVIII, § 4, *Commodati.* — L. X, § 2, *De comp.* — L. VI au Code *ibidem.*)

Enfin la *plus petitio* est-elle encourue lorsque le demandeur ne tient pas compte de la compensation ? Non ; nous savons en effet que, sauf pour le cas unique de l'*argentarius*, la *plus petitio* n'est pas encourue. Dans les actions de bonne foi, le juge doit condamner au reliquat, ainsi que le dit Gaius (*Com.* IV, 61): « Le pouvoir du juge contient celui de tenir compte de ce que le demandeur doit fournir en vertu de la même cause et de condamner le défendeur à ce qui reste dû après ce compte ». Dans les actions de droit strict, nous avons reconnu que le juge avait le même pouvoir lorsque l'exception de dol était insérée.

Constater que toutes les conséquences ne se sont pas produites, c'est constater du même coup que le principe dont elles auraient découlé n'a jamais été admis. Sans doute les intérêts cessaient de courir du jour de la coexistence des deux dettes ; mais c'est là une règle qui a sa source dans l'équité, et qui se comprend aussi bien dans le système de la compensation judiciaire que dans celui de la compensation légale.

Lorsqu'on considère les moyens par lesquels, à Rome, on est arrivé à la compensation, le mécanisme qui la faisait fonctionner, on se demande comment on a pu supposer qu'elle était légale. Ainsi, dans les actions de bonne foi, Gaius nous dit qu'elle rentrait dans l'office du juge ; donc elle était essentiellement judiciaire. On objecte que le juge intervenait seulement pour constater. Mais évidemment il y avait plus qu'une constatation : le juge opérait lui-même la compensation ; c'est lui qui faisait la balance entre les deux dettes, et, s'il n'était pas nécessaire que les obligations fussent *ex pari specie*, c'est précisément parce que le juge opérait lui-même la compensation, et pouvait tenir compte de la nature différente de chaque objet dû.

De même, la compensation qui avait lieu dans les deux cas spéciaux cités Gaius n'était pas légale. De même, celle qui se produisit dans les actions de droit strict.

Le *bonorum emptor* conservait son action dans son intégralité, et s'il obtenait moins, cela provenait de la *deductio*, qui donnait au juge le pouvoir de tenir compte de la créance de l'autre partie.

Dans les actions *stricti juris*, le moyen détourné d'une exception de dol, sans laquelle la compensation ne pouvait se produire, prouve bien que cette dernière était judiciaire.

Le doute ne pourrait naître que pour la *compensatio* spéciale de l'*argentarius* ; et cependant, quoiqu'elle opère *ipso jure*, on ne peut pas dire que ce soit une compensation légale, car les deux créances ne s'éteignent pas par le seul fait de leur coexistence, et le client du banquier n'est pas soumis à la même opération que ce dernier. Sans doute le défendeur a un droit acquis à cette compensation, c'est ce qui résulte des mots *ipso jure* ; mais il n'en est pas moins vrai que cette compensation est judiciaire.

§ 2. — Conditions de la compensation.

Les conditions de la compensation tiennent : soit à la qualité des personnes intéressées, soit à la nature des obligations opposées.

I. — *Entre quelles personnes la compensation a lieu.*

La compensation est oppposable par tout défendeur, personnellement créancier du demandeur, à tout demandeur personnellement débiteur du défendeur. C'est là la règle générale. Il en résulte que, pour l'exercice de la compensation, deux conditions relatives à la qualité des personnes sont nécessaires.

Première condition. — Il faut en premier lieu que le défendeur qui veut compenser invoque un droit qui lui est personnel.

Papinien nous apprend qu'il n'a pas le droit d'opposer la créance d'un tiers, même avec le consentement de celui-ci (L. XVIII, § 1). Il résulte de cette décision de Papinien que, tandis que l'on peut payer de ses deniers la dette d'autrui, il n'est pas permis de sacrifier sa créance en autorisant un tiers à l'opposer en compensation.

Il est toutefois des cas où cette première condition n'est pas exigée. Ainsi, le fidéjusseur peut invoquer en compensation contre le demandeur la créance du débiteur principal, aussi bien que sa propre créance, et même l'une et l'autre à la fois (D. L. V. *De comp.*). *Si quid a fidejussore petetur æquissimum est eligere fidejussorem, quod ipsi an quod reo debetur compensare malit : sed, et si utrumque velit compensare audiendus est.*

Le débiteur corréal ne pouvait invoquer la créance de son coobligé s'il n'y avait pas société entre eux : *Si duo rei promittendi socii non sint proderit alteri quod stipulator alteri reo pecuniam debet* (D. L. X. *De duobus reis*). Mais il résulte *a contrario* de cette décision qu'au cas de société, la créance de coobligé pouvait être invoquée par le débiteur attaqué, parce que la position de chacun des débiteurs corréaux devait être la même, quel que fût celui qui se trouvait poursuivi. C'est peut-être pour avoir mal compris la règle romaine que l'art. 1294 du Code civil refuse au débiteur solidaire le droit d'opposer la compensation du chef de son codébiteur, alors qu'aujourd'hui la solidarité emporte toujours société.

M. Demangeat pense que les simples débiteurs solidaires ont, comme les *rei promittendi* véritables, quand ils sont associés entre eux, le droit d'invoquer la compensation du chef les uns des autres. Et, selon cet auteur, au cas ou il n'y a pas société, comme le débiteur *in solidum* qui a payé la dette commune a une action utile pour recourir contre son codébiteur, soit une action *negotiorum gestorum utile*, soit l'action du créancier que celui-ci lui a cédée, il a le droit d'opposer la compensation jusqu'à concurrence de la part que doit supporter définitivement son codébiteur, puisque, frustré dans son recours contre lui, il devrait se retourner contre le créancier.

Que fallait-il décider quand le défendeur était *procurator in rem suam* ? Pouvait-il opposer en compensation les actions qui lui avaient été cédées ? Bien qu'en principe le cédant fût demeuré créancier, comme le *procurator* était *loco domini*, on avait permis à ce dernier d'opposer en compensation la créance dont il était autorisé de toucher le montant. Et Papinien dit à cet effet : « Le *procurator in rem suam* après la *litis contestatio*, s'il est poursuivi à son tour, usera de l'équité de la compensation ». Ces mots : après la *litis constestatio*, condamnent l'opinion de Cujas, qui soutenait que le défendeur pouvait opposer la créance pour laquelle il était *procurator*, même avant la *litis contestatio*.

Comme le remarque avec raison M. Desjardins (pag. 92), la faculté reconnue au *procurator in rem suam* d'opposer la créance cédée, est un tempérament à la doctrine qui empêchait le défendeur de se prévaloir de la créance d'autrui. « Le tiers qui consent à laisser opposer sa créance par un défendeur étranger n'aura qu'à constituer celui-ci *procurator in rem suam.* »

Le fils de famille pouvait-il opposer ce qui était dû à son père ? A ce sujet, Paul nous dit : « *Si cum filio familias agatur, an quæ patri debeantur filius compensare poterit quæritur ? Quod magis est admittendum, quia unus est contractus ; sed cum conditione ut caveat patrem suum ratum habiturum, id est non exacturum quod is compensaverit.* (L. IX, § 1, *De comp.*)

Cujas rattache le § 1 au *principium* de la loi, c'est-à-dire à l'hypothèse d'une société : « Un fils de famille, dit-il, a formé une société avec Titius ; l'obligation est aussitôt acquise au père, qui est, en conséquence, regardé comme associé. Titius agit *pro socio, in solidum,* contre le fils de la famille ; en vertu du même contrat, il est dû quelque chose au père, qui s'est mêlé à la société comme formée pour lui par son fils : ce qui est dû au père *ex eadem causa*, le fils le compensera, *quia unus est contractus.* »

Mais Doneau estime que ce que la loi 9, § 1, décide pour la société, doit être étendu indistinctement à tout contrat en vertu duquel le fils est poursuivi, sans avoir à distinguer si le contrat est unilatéral ou synallagmatique, et si les créances sont nées *ex causa dispari* ou *ex eadem causa.*

Cette dernière opinion nous semble préférable. Pourquoi, en effet, distinguer selon la diverse origine des créances du père ? Le fils n'a pas plus de droit sur les créances qu'il fait acquérir à son père que sur les autres ; et il suffit, pour garantir le demandeur, qu'il ait donné caution *rem ratam haberi*. Les mots : *quia unus est contractus*, peuvent très bien signifier que le père et le fils sont engagés par le même contrat, l'un *de peculio*, l'autre *in solidum*. Comme tout contrat passé par le fils est commun au père, n'est-il pas logique de décider que la compensation, devant libérer le père en même temps que le fils, pourra être invoquée par ce dernier pour ce qui est dû au premier.

Quant au rapprochement que fait Cujas des deux fragments de la loi 9, nous ne savons pas jusqu'à quel point il se trouve fondé. Les termes du § 1 nous semblent avoir une portée générale, et nous ne croyons aucunement qu'ils se rattachent à l'hypothèse spéciale de la société.

Lorsqu'un militaire aura institué un héritier pour son pécule *castrense* et un héritier pour le reste de ses biens, ces deux hérédités se trouvant tout à fait distinctes et séparées, il s'ensuit qu'un des débiteurs obligé envers un de ses héritiers ne pourra opposer en compensation ce qui lui est dû par l'autre héritier. (L. XVI, *De comp.*)

Mais au contraire lorsque c'est, non pas le patrimoine, mais l'administration de ce patrimoine qui est divisée, par exemple lorsqu'un pupille a plusieurs tuteurs, la compensation peut avoir lieu entre une créance qui se rattache à une branche de cette administration et une dette qui se rattache à une autre branche. (L. XXXVI, *De adm. et per tut.*, 26,7.)

Seconde condition. — Le demandeur doit être débiteur personnel du défendeur.

Ainsi, un tuteur agissant au nom du pupille ne peut se voir opposer une dette à lui personnelle (L. XXIII, D. *De comp.*), et on ne peut pas lui opposer une dette du pupille, s'il agit en son propre nom.

Prenons l'hypothèse inverse, et supposons que le tuteur soit poursuivi pour une dette personnelle par un débiteur du pupille ; pourra-t-il opposer la compensation? Voët répond affirmativement (*Ad tit. Comp.*, § 8). La compensation, d'après cet auteur, ne présente aucun inconvénient, ni au pupille ni à l'adversaire. Elle produit l'extinction des deux dettes (*quasi quadam brevis manus traditione*), et le recouvrement de la créance pupillaire a lieu sans nouvelle instance et sans frais. Cette doctrine nous semble bien hasardée, et nous en voyons la condamnation dans l'absence de textes, et dans les principes que nous avons posés.

Le débiteur commun ne peut opposer en compensation à l'un des deux *rei credendi* qui le poursuit la créance qu'il peut avoir contre l'autre, alors même qu'il y ait société entre les cocréanciers. En effet, celui qui se verrait ainsi opposer la compensation lorsqu'il aurait recours contre son associé, courrait les risques de son insolvabilité.

Le *procurator in rem suam* pouvait-il se voir opposer la compensation du chef du cédant? Oui, le cédé, en principe, peut opposer au cessionnaire toutes les exceptions qu'il aurait à faire valoir contre le cédant. M. Desjardins fait une réserve : il croit que la compensation n'est pas opposable dans le cas où le *procurator in rem suam* est constitué à titre onéreux, parce qu'alors ce dernier n'a pas à défendre le cédant.

Supposons qu'un débiteur délègue son propre débiteur à son créancier, et que celui-là soit engagé envers celui-ci. Le délégué peut-il invoquer la compensation contre le délégataire, du chef du délégant? Non ; lorsqu'il s'est engagé, il est censé avoir renoncé à toutes les exceptions qu'il connaissait. Quant à celles qu'il ne connaissait pas, il pourra les invoquer si la délégation a lieu à titre gratuit.

Le maître et l'esclave, le père et le fils, se confondant dans une seule et même personne juridique, le maître et le père pourront opposer, quand on les poursuivra, ce qui est dû à l'esclave ou au fils ; et, à l'inverse, ce qui leur est dû, à eux personnellement, pourra être opposé sur l'action dirigée contre les personnes en leur puissance. Si le père et le maître agissent eux-mêmes, le défendeur pourra leur opposer en compensation ce que lui doit l'esclave ou le fils, et remarquons que le défendeur recouvre par la compensation la totalité de sa créance; tandis que, s'il agissait lui-même contre le père ou le maître, il verrait son action limitée à la valeur du pécule : *Si agat dominus, vel pater, solidum per compensationem servamus, quamvis si ageremus, duntaxat de peculio præstaretur*. (L. IX, *De comp.*) Le père et le maître sont censés approuver le contrat passé par le fils ou l'esclave, et celui qui approuve, comme celui qui ordonne, est tenu *in solidum*.

II. *Entre quelle créance la compensation a lieu*. — La créance du défendeur et la créance du demandeur ne peuvent se compenser que moyennant certaines conditions, certaines qualités requises.

Nous étudierons en premier lieu les qualités que doit réunir la créance que le défendeur veut opposer en compensation. Le principe est le suivant : Un défendeur peut opposer toute créance qui serait susceptible d'être demandée en justice. Aussi certains textes assimilent-ils à cet égard la compensation à une demande. Ainsi, la loi 15, *Ratam rem haberi*, 46,8, dit : «Le gérant d'affaires a promis que le maître ratifierait et ne demanderait plus. Celui-ci, s'il ne ratifie pas, conserve son action intacte et peut, au lieu d'agir, opposer la compensation à l'action de son débiteur ; il obtient gain de cause, mais la responsabilité du gérant est encourue ».

Il est des créances qui donnent lieu à une action, sans être opposables en compensation. Ce sont celles que rend inefficaces une exception péremptoire : *Quæcumque per exceptionem perimi possunt, in compensationem non veniunt*. (L. XIV, D. *De comp*.)

Il faut que la créance soit exigible. Le terme, nous dit Ulpien, empêche la compensation : *Quod in diem debetur non compensabitur, antequam dies venit, quamquam dari oporteat*. Sans doute, quoiqu'elle soit à terme, la créance n'en existe pas moins, et ce qui le prouve, c'est que le débiteur qui a payé *ante diem* n'a pas la *condictio indebiti* ; mais permettre d'opposer en compensation une créance non exigible, c'est priver le débiteur du bénéfice que lui accorde la convention. Il peut y renoncer, mais on ne peut le lui enlever.

Le terme de grâce, au contraire, n'est pas un obstacle à la compensation ; c'est ce que nous dit Papinien : «Quand, dans le délai donné pour l'exécution du jugement, celui qui a été condamné envers Titius agit contre le même Titius, qui lui-même a été longtemps avant condamné envers le premier, la compensation sera admise ; autre chose est le terme de l'obligation non échu, autre chose, le délai accordé pour le paiement dans un sentiment d'humanité.» (L. XXXI, *De re judicata* 42,1.) Le terme de grâce étant accordé au débiteur pour qu'il puisse se procurer de quoi satisfaire son créancier, il doit cesser du jour où le débiteur sera en état de donner satisfaction.

La créance conditionnelle ne peut pas être opposée en compensation, car jusqu'à l'arrivée de la condition il n'y a pas de dette.

La créance déjà portée en justice, après qu'il y a eu *litis contestatio*, peut être encore opposée en compensation. Gaius nous dit : « On déduit en compensation même la créance pour laquelle la *litis contestatio* a eu lieu avec le demandeur, de peur que le diligent ne soit traité plus mal, si la compensation lui est déniée. » (L. VIII, *De comp.*) Il faut supposer que la première demande est introduite par celui qui a la créance la moins forte, et que le défendeur, ne pouvant obtenir par la voie de la compensation qu'une satisfaction incomplète, intente à son tour une action. Il ne faut pas que le demandeur primitif qui a été le plus diligent soit privé du bénéfice de la compensation ; il pourra l'opposer dans l'action intentée par le défendeur.

Quand le défendeur a une créance alternative et que le choix lui appartient, peut-il opposer cette créance en compensation ? Oui, à condition qu'il détermine sa demande à l'un des objets dus, afin que le juge, connaissant l'objet choisi, puisse en apprécier la valeur : « Si vous devez dix mille ou un esclave, au choix de votre adversaire, cette dette est admise en compensation, à condition que votre adversaire ait dit ce qu'il choisissait. » (L. XXII, D. *De comp.*)

La créance qu'on invoque en compensation doit-elle être liquide ?

Les uns estiment que Justinien a innové sur ce point,

et que c'est lui qui, le premier, a exigé la liquidité.

D'autres, au contraire (Cujas, Zimmern), croient que Justinien n'a fait en cela que confirmer les anciens principes, et que déjà, sous le système formulaire, la créance devait être liquide. Ils se fondent sur la loi 22, que nous avons citée plus haut, et qui oblige le défendeur créancier sous une alternative à faire connaître l'objet qu'il choisit, et sur la loi 3, *De tutelæ et rationibus*, qui suppose une action de tutelle ou de gestion d'affaires dirigée contre un tuteur ou un procureur, créancier lui-même de ses adversaires pour une somme non déterminée, et ordonne que le juge fasse donner caution aux demandeurs *quod eo nomine absit*.

La décision de la loi 22 est fondée sur cette idée que le juge ne peut opérer la compensation que s'il connaît l'objet de la créance qu'il doit estimer. C'est tout ce que veut dire cette loi, et c'est à tort qu'on en fait ressortir la condition de liquidité.

Quant à la loi 3, *De tutelæ*, c'est également à tort qu'on l'a invoquée, car elle ne suppose nullement la compensation opposée. Le tuteur peut et doit se payer lui-même de ce que lui doit son pupille, mais encore faut-il que le montant de sa créance soit fixé. Ne connaissant pas la somme exacte qui lui est due, il ne peut pas la déduire de la fortune du pupille, en sorte que, poursuivi par ce dernier par l'action *tutelæ*, il restitue le patrimoine tout entier; mais il réclame une caution du demandeur, afin de conserver ses droits et de ne pas se voir objecter un jour qu'il a dû se payer lui-même et qu'il n'a plus rien à réclamer. Le demandeur promet de lui payer sa créance quand elle sera déterminée. On voit bien par là que cette loi n'a pas trait à la compensation, et que, par suite, elle ne saurait renfermer la condition de liquidité.

Nous croyons que, sous le système formulaire, il n'était pas nécessaire que la créance opposée en compensation fût liquide. Telle est aussi l'opinion de M. Desjardins. « Il y a, nous dit cet auteur, un élément de liquidité qui manque toujours, sous le système formulaire, aux procès où il ne s'agit pas de sommes d'argent ; il faut que le juge apprécie en argent les objets dus par l'une des parties à l'autre. L'équité veut que l'on tienne compte des créances qui existent de part et d'autre, que les deux parties soient traitées de même. Il ne faut pas que le défendeur souffre si le demandeur cherche à écarter la compensation pour toucher immédiatement une somme plus ou moins importante, sauf à être insolvable quand il sera condamné à son tour » (pag. 111).

D'après M. Lair, le juge devait avoir un pouvoir discrétionnaire pour apprécier si la liquidité devait être exigée ou ne pas l'être. C'est là un moyen terme que nous repoussons, et nous croyons que les principes du Droit romain, à l'époque classique, permettaient à tout défendeur d'opposer en compensation une dette non liquide, étant donné que la condamnation portait sur une somme d'argent déterminée par le juge.

Faut-il que les deux créances aient pour objet des choses fongibles entre elles pour que la compensation ait lieu ?

Il est certain qu'il n'y avait aucune distinction à faire dans les actions de bonne foi, et que toute créance née *ex eadem causa* devait être compensable, quel que fût son objet. Gaius nous dit que le juge, dans les actions de bonne foi, paraît avoir reçu un entier pouvoir pour estimer *ex æquo et bono* ce qui doit être restitué au demandeur ; et il ajoute que ce pouvoir contient celui de tenir compte de ce que le demandeur doit fournir en vertu de la même cause. Gaius, il est vrai, ne s'exprime pas formellement sur le point qui nous occupe; mais on peut cependant déduire de ses termes, qui sont si larges et si absolus, que la fongibilité n'était pas nécessaire. En outre, nous avons le texte de Paul (*Sent.* II, L. II, § 12) qui nous apprend que dans le cas de dépôt, *res ipsa reddenda est.* Ce texte, qui renferme une disposition exceptionnelle, nous montre qu'en thèse générale le débiteur d'un corps certain pouvait faire valoir ses droits contre l'action dont il était tenu.

Devons-nous donner une solution différente lorsque les deux créances n'avaient pas la même cause ?

D'après les anciens commentateurs, la compensation n'était pas possible entre créances ayant pour objet des corps certains. Selon eux, admettre la compensation contre un corps certain, c'était forcer une partie à vendre ou à donner en échange ce corps certain, suivant que la créance opposée aurait pour objet une quantité ou un autre corps certain, et, par suite, c'était faire échec aux principes les plus élémentaires, d'après lesquels la vente et l'échange doivent être volontaires. (Doneau ; *De jure civ.*)

Cet argument, tiré des principes, nous paraît devoir tomber, si l'on considère que toute action dans le système formulaire aboutit à une condamnation pécuniaire. Nous croyons que, même entre créances provenant *ex causa dispari*, la fongibilité n'était pas nécessaire.

Que ce soit le défendeur poursuivi à raison d'une dette de corps certain qui oppose en compensation une créance de somme d'argent, ou, à l'inverse, que ce soit le demandeur qui se voie opposer une créance de corps certain, la solution nous paraît devoir être la même.

Dans le premier cas, le doute n'est guère possible : le demandeur créancier d'un corps certain voit son droit se transformer par suite de la déduction de la créance en justice, en sorte que le défendeur devient débiteur d'une somme d'argent ; dès lors, rien de plus facile pour lui que d'opposer la compensation.

Dans le second cas, on doute que le défendeur puisse opposer une créance ayant pour objet un corps certain, et on raisonne ainsi : Le juge devra forcément procéder à l'estimation de la chose due au défendeur ; or le droit d'estimer procède du droit de condamner ; mais le juge, n'ayant pas reçu le pouvoir de condamner, n'a pas qualité pour faire cette estimation. Nous répondrons que, lorsqu'au moyen de l'*exceptio doli* la compensation put s'opérer dans les actions de droit strict, le juge avait le pouvoir de tenir compte de l'obligation du demandeur née *ex dispari causa*, et, par suite, avait qualité pour apprécier et estimer la chose qui était l'objet de cette obligation. Nous avons vu d'ailleurs que la loi 22, *De comp.*, supposant le cas où il est dû au défendeur dix mille ou un esclave, déclare que cette obligation alternative pourra entrer en compensation si le créancier fait connaître son option. Si donc son choix porte sur l'esclave, il en résulte clairement que c'est une dette de corps certain qui sera compensée. Ajoutons que l'effet du rescrit de Marc-Aurèle avait été d'étendre aux actions de droit strict la compensation, telle qu'elle se pratiquait dans les actions de bonne foi. Or nous savons que, dans ces dernières actions, la compensation était admise, quel que fût l'objet des deux créances.

La compensation imposée à l'*argentarius* était, au contraire, soumise à la condition que les objets des deux dettes fussent fongibles entre eux. Mais cette condition tenait à ceci que, le banquier étant obligé de réduire sa demande sous peine de *plus petitio*, il aurait été inique de le forcer à faire lui-même une estimation qui pouvait l'exposer à la perte de son droit.

Peut-on opposer en compensation une obligation naturelle ? Si cette question n'était pas tranchée par un texte d'Ulpien, la solution à lui donner nous semblerait devoir être négative. Mais la loi 6, D. *De comp.* est précise sur ce point et nous dit : *Etiam quod debetur natura venit in compensationem.* Reconnaissons que cette décision du jurisconsulte est surprenante, parce que les obligations naturelles sont dépourvues d'action, et que permettre de les opposer en compensation, c'est permettre à un créancier d'obtenir satisfaction d'une voie détournée, alors que cette satisfaction ne peut résulter que de la volonté seule du débiteur. Vinnius, soutenant avec les anciens commentateurs que la compensation s'opérait, à Rome, *ipso jure*, disait qu'elle reposait sur une présomption de paiement et comprenait très-bien qu'elle se produisît dans les obligations naturelles, puisque le paiement même fait par erreur y est toujours valable. Mais aussi il n'admettait pas la compensation dans le cas où la répétition de l'indu était permise. Aujourd'hui qu'il est généralement admis que la compensation n'était pas légale à Rome, la proposition de la loi 6 d'Ulpien ne peut, à nos yeux, trouver sa justification que dans cette considération : c'est que, l'obligation naturelle étant une obligation reposant sur l'équité, il est équitable d'en tenir compte en matière de compensation.

Les termes généraux d'Ulpien semblent devoir faire admettre que toutes les obligations naturelles sont indistinctement susceptibles d'entrer en compensation. Mais il est beaucoup de dispositions générales au Digeste qui sont, on peut le dire, empreintes d'exagération, et qui, prises à la lettre, seraient en désaccord avec la pensée de leurs auteurs. C'est l'équité qui étend la compensation aux obligations naturelles ; c'est aussi l'équité qui doit nous permettre de circonscrire la décision de la loi 6 dans ses justes limites, et la rendre inapplicable en certains cas.

M. Machelard, dans son ouvrage sur les obligations naturelles en Droit romain, nous indique les cas d'obligations naturelles où la compensation peut s'opérer, et ceux où elle lui parait inadmissible. Ainsi, il admet la compensation de l'obligation du fils de famille contractée envers son père ; l'équité s'oppose à ce que le père soit poursuivi par son fils lorsque ce dernier, à son tour débiteur, n'entend pas acquitter sa dette.

Si le fils de famille se trouve engagé envers un tiers par suite d'un prêt d'argent, il est évident que son obligation ne pourra pas entrer en compensation, sans quoi ce serait permettre au créancier d'éluder la règle du *senatus-consulte* macédonien.

M. Machelard, se plaçant ensuite dans l'hypothèse d'un esclave poursuivi par son maître, refuse au premier le bénéfice de la compensation. Il faut supposer que le maître a affranchi l'esclave et qu'il lui a laissé son pécule, auquel il était redevable de quelque chose ; plus tard, l'esclave est poursuivi par le maître pour l'acquittement d'une dette. M. Machelard estime qu'il ne pourra pas opposer en compensation ce qui est dû à son pécule.

Ce serait outrageant pour le maître, et contraire à la *reverentia* à laquelle est soumis l'esclave.

L'obligation du pupille peut-elle entrer en compensation ? Il est un texte formel, la loi 3, § 4, d'Ulpien, qui nous dit que le pupille qui a géré l'affaire d'autrui peut se voir opposer la compensation des dettes qu'il a contractées dans sa gestion vis-à-vis du maître : *Agendo compensationem ejus quod gessit patitur*. Cette décision s'explique par cette considération que, le *dominus* n'ayant pas choisi le pupille, n'a aucune faute à se reprocher, et qu'il ne serait pas juste qu'il supportât les conséquences de la mauvaise gestion de ce dernier. Aussi on comprend que le pupille qui poursuit le maître pour le recouvrement de ses dépenses subisse la déduction du montant des dettes nées de sa gestion. Mais il ne faut pas étendre le cas de la loi 3, § 4 d'Ulpien, et admettre d'une façon générale la compensation pour les dettes du pupille : ce serait permettre à ce dernier de s'engager sans l'autorisation du tuteur. Toutefois M. Desjardins (pag. 107) fait remarquer qu'il y a peut-être lieu d'étendre à toutes les actions de bonne foi ce qu'Ulpien dit de l'action *negotiorum gestorum*. Cette solution nous paraît équitable ; elle est basée sur le pouvoir qu'a le juge d'opérer la compensation dans les actions de bonne foi pour les dettes nées *ex eadem causa*.

Quoique les pactes soient dénués d'action, comme ils produisent une exception, M. Machelard estime qu'ils peuvent donner lieu à compensation. Ainsi, la loi 7, *De pactis*, suppose que le mari et la femme ayant divorcé conviennent par simple pacte que la dot sera immédiatement restituée sans attendre les délais légaux ; si la femme devient débitrice de son mari, elle pourra efficacement opposer la compensation.

Nous avons, en second lieu, à étudier les conditions relatives à la créance du demandeur.

Nous avons vu plus haut, en traitant les actions de bonne foi, que la compensation s'appliquait d'une façon générale à toutes ces actions, sauf une exception établie en matière de dépôt par un texte de Paul. Quoique la décision du jurisconsulte paraisse fort difficile à expliquer, nous avons reconnu qu'elle devait être maintenue. Plus tard Marc-Aurèle rendit possible la compensation, par l'insertion de l'*exceptio doli* dans toutes les actions de droit strict sans distinction ; et on peut dire que dès-lors, d'une façon générale, la compensation fut opposable à toute demande.

Elle avait lieu même quand la créance du demandeur provient d'un délit. C'est ce que nous dit Ulpien dans la loi 10, § 2, *De comp.* Mais remarquons que c'est l'action privée qui est compensée, c'est-à-dire la somme d'argent due au demandeur pour le préjudice subi ; mais la peine à laquelle donne lieu le délit subsiste toujours.

La règle que la compensation est opposable à toute demande, reçoit des exceptions lorsque la demande émane, non d'un simple particulier, mais du fisc. Ces exceptions ont été introduites dans l'intérêt public et pour les besoins de l'administration.

On peut compter sept cas dans lesquels la compensation n'était pas opposable au fisc. Ainsi, ne pouvaient pas se compenser :

1° La créance du fisc née *ex causa vectigalium stipendiorum, tributorum* (D. L. XLVI, § 3, *De jure fisci*). Il importait à l'État que la perception des contributions publique ne souffrît aucun retard.

2° La créance née *ex causa annonaria* (*eadem lege*).

L'*annona* était la subsistance publique : blé, vin, huile, etc. L'administrateur qui avait mal géré l'*annona* se trouvait, par suite de sa mauvaise gestion, débiteur de l'État. Il ne pouvait opposer la compensation.

La même règle s'applique lorsqu'il s'agit de l'approvisionnement d'une armée en campagne. C'est ce que dit Papinien (L. XX, D. *De comp.*) : « Il a été décidé que le curateur condamné *ob negotium copiarum* qui lui avait été confié pendant une expédition, ne retiendrait pas l'argent en vertu de la compensation, parce que cet argent ne se compense pas ».

Si nous lisons la loi 17, D. *De comp.* relative au même objet, nous y trouvons une solution différente : *Ideo condemnatus quod arctiorem annonam ædilitatis tempore præbuit, frumentariæ pecuniæ debitor non videbitur ; et ideo compensationem habebit.* Accurse et Doneau lisent : *edulitatis tempore.* D'après ces interprètes, il s'agirait de libéralités faites au peuple par le prince à cause de la cherté des vivres. Ces largesses, provenant d'un acte de bienfaisance au profit des particuliers, n'auraient pas le caractère de *res annonaria,* puisqu'elles n'étaient pas la conséquence d'un service public.

Au contraire, d'après Cujas, qui lit *ædilitatis tempore,* il s'agirait d'un édile, magistrat municipal chargé de la distribution de l'*annona*, et parfaitement distinct du *curator annonæ* chargé des approvisionnements. L'édile n'étant pas comptable des deniers publics, comme le *curator annonæ*, peut opposer la compensation. La leçon de Cujas nous semble préférable.

3° La créance née *ex causa alimentorum* (L. III, C. *De comp.*). Il s'agit, d'après Doneau, d'administrateurs chargés par la cité de distribuer des aliments aux pauvres ou aux maisons de charité ; ces administrateurs, devenus débiteurs envers la cité par suite de leur mauvaise gestion, ne pourront opposer la compensation.

4° Les créances affectées au traitement des fonctionnaires : *Si quis debitor sit ejus pecuniæ quæ statutis sumptibus servit* (*eadem lege*). Il serait à craindre que les personnes employées par l'État, tels que les professeurs, les généraux, ne voulussent pas remplir leurs emplois s'ils n'étaient pas exactement payés.

5° La créance du prix d'objets vendus par le fisc. (L. XLVI, § 5, 10, *De jure fisci ;* L. VII. C. *De comp.*)

6° La créance de l'État en vertu d'un fidéicommis qui lui est laissé (*eadem lege*). Le fidéicommis est ordinairement susceptible de compensation, mais non quand il est fait au profit de l'État ou bien d'une cité.

7° La créance née *ex causa calendarii* (L. III, C. *De comp.*), c'est-à-dire en vertu d'un prêt à intérêt. Cette créance était assimilée aux impôts.

En combinant les lois 46, § 5, D. *De jure fisci*, et 3, C. *De comp.*, il faut en conclure que ces sept exceptions que nous venons de mentionner s'appliquent aussi bien à l'État qu'au fisc proprement dit. C'est là l'opinion de Doneau. Elle nous paraît juste, étant donné du reste que la distinction entre l'*ærarium* et le *fiscus* disparut de bonne heure et que ce dernier subsista seul.

§ 3. — Effets de la compensation.

Lorsque nous avons recherché quelle était la nature de la compensation à Rome, et que nous avons établi qu'elle était judiciaire, nous avons par cela même déterminé ses effets.

La compensation n'étant point légale, c'est-à-dire ne résultant pas de la simple coexistence des deux dettes, les créances subsistent jusqu'à ce que le juge prononce leur extinction respective.

Si la créance du défendeur est égale ou supérieure à celle du demandeur, le premier est absous ; et si elle est inférieure, il est condamné à payer la différence. Ceci est vrai, aussi bien pour les actions de droit strict que pour les actions de bonne foi, puisque nous avons admis que l'insertion de l'*exceptio doli* permettait au juge d'opérer dans les actions *stricti juris* une compensation tout à fait analogue à celle qui avait lieu dans les actions *bonæ fidei*.

Le défendeur, en opposant la compensation, n'était pas censé par cela même reconnaître le droit de son adversaire.

On doit appliquer ici le principe général en matière d'exceptions : *Non utique existimatur confiteri de intentione adversarius, quocumque agitur, quia exceptione utitur.* (L. IX, D. 44,1.)

Le défendeur invoquait la compensation pour le cas où le juge aurait vérifié et reconnu la créance du demandeur.

Si le juge ne prononce pas la compensation, soit parce qu'elle n'a pas été invoquée par la partie intéressée, soit parce qu'il estime que la créance de celle-ci n'est pas suffisamment liquide, cette créance subsiste, à moins que déclaration ne soit faite par le juge que le défendeur n'est pas créancier : *Si reprobaverit pensationem quasi non existente debito, tunc enim rei judicatæ nocebit exceptio.* (L. VII, D. 16,2.)

Nous savons que le débiteur qui avait payé pouvant opposer la compensation, exerçait la *condictio indebiti.*

L. X, § 1, D. lpien). Cette action était donnée à toute personne qui acquittait une dette, alors qu'elle pouvait opposer au créancier une exception perpétuelle.

Nous avons vu, en traitant la nature de la compensation, que, quoique celle-ci ne fût pas légale, elle avait pour effet de faire cesser le cours des intérêts du jour de la coexistence des deux dettes. C'est là un effet consacré par une Constitution de Septime Sévère, et ayant sa justification dans l'équité sur laquelle repose toute la compensation. Remarquons que cette décision s'appliquait lorsque le taux des deux dettes était différent, et même lorsque l'une d'elles ne produisait pas d'intérêts, de sorte qu'on peut dire que le principe d'équité, qui avait fait édicter à Septime Sévère cette disposition, se trouvait par celle-ci même violé. Le titulaire d'une créance portant intérêts se trouvait déchu d'une partie de ses droits par le seul fait qu'il devenait débiteur de son propre débiteur, et ce dernier, auquel aucun intérêt n'était dû, était libéré, peut-être même à son insu, de ceux dont il était redevable. Aussi a-t-on pu dire avec raison qu'en ce qui concernait les intérêts, l'empereur Septime Sévère avait assimilé la compensation à un paiement.

CHAPITRE III.

Procédure extraordinaire.

La compensation, à Rome, étant étroitement liée à la procédure, il semblerait que cette institution dût subir une transformation du jour où le régime formulaire fit place définitivement au système extraordinaire. On sait que c'est à la fin du IIIe siècle de l'ère chrétienne que s'opéra cette substitution. D'exception qu'elle était, la procédure extraordinaire devient le droit commun. La formule disparaît, et fait disparaître avec elle toutes les règles qui découlaient de sa rédaction. Le magistrat ne renvoie plus l'affaire devant un *judex*, il la juge lui-même, en sorte que le *jus* et le *judicium* sont confondus. Le principe que toute condamnation est pécuniaire n'existe plus, et la sentence atteint l'objet même du litige (§ 32, *Inst.*). C'est donc là toute une révolution ; mais comme cette révolution, loin d'être un brusque et complet changement dans la législation, ne s'opéra au contraire qu'insensiblement par l'extension des *cognitiones extraordinariæ*, elle n'eut pas une influence considérable sur la compensation. On sait que, sous le régime formulaire, il existait des cas où le président jugeait lui-même *extra ordinem*. Nous croyons vrai de dire que la compensation devait y être admise, mais nous ne croyons pas moins vrai de soutenir que, dans ces cas où le magistrat retenait la connaissance de l'affaire, il devait suivre les principes admis par la jurisprudence de son temps. Ces principes, une fois appliqués en matière de *cognitiones extraordinariæ*, durent s'appliquer également lorsque celles-ci devinrent le droit commun. Certainement ils avaient leur source dans le régime formulaire, mais ils continuèrent à être observés dans la procédure nouvelle.

Cette considération nous permet de soutenir, contrairement à M. Lair (pag. 76), que la compensation ne cessa pas d'être admise *ex dispari specie* ; et quoique la logique paraisse donner raison à cet auteur, quoique l'abolition du principe des condamnations pécuniaires et la possibilité d'obtenir la chose même semblent ne rendre admissible la compensation qu'autant que les obligations peuvent se résoudre en des prestations en argent, nous estimons que le principe qui existait sous le système formulaire lui survécut. La compensation, qui avait été admise *ex dispari specie* pendant plusieurs siècles, le fut également sous le système extraordinaire ; si une nouvelle condition avait été exigée, si la fongibilité des objets avait été nécessaire, les textes n'en auraient-ils pas fait mention ? Si un changement aussi important s'était produit, comment pourrait-on croire que les *Institutes* l'aient passé sous silence ? Sans doute, le principe de la condamnation pécuniaire n'existait plus ; mais ce principe ne suffit pas pour expliquer entièrement la compensation *ex specie dispari*, nous l'avons déjà fait remarquer en étudiant la compensation dans la *judicis postulatio*. Le juge investi du droit de condamner le défendeur pouvait évaluer en argent l'objet de sa dette, mais il n'avait pas le même pouvoir à l'égard du demandeur ; et cependant, il fallait qu'il réduisît aussi à une somme d'argent la dette de celui-ci. Il y avait à côté du principe de la condamnation pécuniaire spécial au système formulaire, un principe d'équité essentiel à la compensation; c'est ce principe qui fit maintenir l'ancienne règle sous la procédure extraordinaire. En outre, si la compensation a été introduite par Justinien d'une manière absolue dans les actions *in rem,* comme cela paraît résulter des textes qui consacrent cette innovation, ce fut probablement par assimilation avec les règles admises dans toutes les actions. La décision de Justinien s'explique d'elle-même, si depuis l'abolition des formules la compensation a eu lieu *ex specie dispari*; au contraire, elle ne peut se comprendre si la législation antérieure à cet empereur exigeait pour la compensation des créances la fongibilité des objets.

Sous la procédure extraordinaire, la compensation avait-elle lieu dans les actions *in rem*? Non; l'innovation de Justinien, dont nous parlerons plus loin, nous montre bien que la compensation était exclue de ces actions, tant sous le système formulaire que sous le nouveau régime.

M. Lair estime que, dans la procédure extraordinaire, l'exception et toutes les autres modifications de la formule n'existant plus, il n'était plus besoin d'invoquer l'*exceptio doli* pour obtenir la compensation *ex dispar causa*. Cette opinion ne nous semble pas fondée. Nous ne croyons pas que les exceptions aient disparu avec la formule. Si en effet elles n'existaient plus, nous ne les retrouverions pas dans les recueils de Justinien. A nos yeux, l'*exceptio doli* n'a pas cessé d'être nécessaire dans les actions de droit strict pour faire admettre la compensation; non-seulement nous ne voyons aucun texte qui dispense les parties d'opposer cette exception, mais encore nous avons une loi qui la mentionne en défendant d'opposer la compensation à l'action de dépôt. C'est la loi 11, C. *Depositi*, 4,34 : *Nullamque compensationem, vel deductionem, vel doli exceptionem opponat*. Seulement, comme sous l'empire du nouveau système toutes les exceptions étaient devenues des moyens de défense ordinaires, il est probable que l'*exceptio doli* pouvait être désormais invoquée en tout état de cause et jusqu'à la sentence du juge.

CHAPITRE IV.

Dernier état du Droit romain. — Innovations de Justinien.

PREMIÈRE SECTION.

Dans quels cas la Compensation est admise.

La grande innovation de Justinien en matière de compensation est l'extension de cette institution à toutes les actions indistinctement : *nulla differentia in rem vel personalibus actionibus inter se observanda,* dit la loi 4, C. *De comp.*

Nous avons vu qu'à l'époque classique, ainsi que dans la procédure extraordinaire, la compensation n'avait pas lieu dans les actions *in rem* ; elle s'y produit désormais. Mais ici des difficultés surgissent. S'opère-t-elle d'une façon absolue ? Ou bien a-t-elle lieu seulement dans les cas où le droit réel se convertit en somme d'argent ? C'est en ce dernier sens que se prononce Doneau. Cet auteur soutient qu'il faut supposer le cas où, la restitution de la chose étant devenue impossible, le défendeur devient débiteur de la valeur de cette chose. « Justinien, dit-il, n'a pu sacrifier un droit réel à un droit personnel, et permettre qu'un demandeur fût exproprié parce qu'il avait une dette envers un possesseur. » Cette argumentation a sans doute pour elle la logique et l'équité; mais elle se heurte contre le texte. Justinien ne fait aucune réserve dans la loi 14. Il n'en fait pas davantage dans le § 30 des *Institutes*, où il dit : *Ut actiones ipso jure minuant, sive in rem, sive in personam, sive aliascumque*. Il en résulte pour nous que l'innovation de cet empereur a une portée générale. S'il n'en était pas ainsi, ce ne serait plus une innovation, puisqu'elle ne ferait que soumettre à la compensation une créance qui y était déjà soumise avant lui.

Ainsi, prenons un exemple. Titius est propriétaire d'un immeuble qui se trouve en la possession de Mœvius, mais il est le débiteur de ce dernier pour la somme de trente mille. S'il intente contre Mœvius son action en revendication, celui-ci pourra opposer sa créance, en sorte qu'il sera absous si l'immeuble vaut au moins trente mille ; s'il vaut davantage, Mœvius sera condamné simplement à la différence entre la valeur de l'immeuble et celle de sa créance. La compensation produit donc en pareil cas une véritable expropriation, une violation du respect dû à la propriété. Sans doute, l'empereur pensait que la partie qui voudrait éviter cet effet rigoureux de son système avait la ressource très simple de payer son adversaire. Il n'en est pas moins vrai que cette décision a quelque chose de tout à fait contraire aux saines doctrines juridiques, ainsi qu'aux principes mêmes de la compensation. Aussi, de nos jours encore, d'éminents esprits se refusent, comme Doneau, de donner à la loi 14 une portée générale, et n'admettent pas que le créancier qui vient à détenir la maison ou le champ de son débiteur, puisse se dispenser de le rendre au propriétaire qui le réclame, en lui disant que son droit de propriété s'est compensé avec sa dette (Gide, Ortolan).

La compensation reçoit donc une grande extension dans le dernier état du Droit romain, puisquelle se produit dans toutes les actions sans distinction.

Toutefois, il faut citer plusieurs hypothèses où sous Justinien la compensation ne s'opère pas.

1° La première est relative au dépôt; nous l'avons déjà trouvée dans les *Sentences* de Paul. La loi 11 C. *Depositi* dit : *Si quis vel pecunias, vel res quasdam per depositionis acceperit titulum eas volenti ei qui deposuit, reddere illico modis omnibus compellitur, nullamque compensationem vel deductionem vel doli exceptionem opponat.* Cette exception est fondée sur le caractère du dépôt, qui est un contrat de bonne foi par excellence : *ubi abundare debet bona fides*, disait Cujas.

Remarquons qu'il résulte de la loi 11 que nous venons de citer, des mots *vel doli exceptionem*, que l'exception de dol était encore opposée sous Justinien avant la constitution qui forme la loi 14, C. *De comp.*

2° La seconde exception est relative au cas où le demandeur réclame une chose dont il a été dépouillé par violence : *possessionem autem alienam perperam occupantibus compensatio non datur* (L. XIV, § 2). *Perperam* est synonyme de *male.* Avant tout, celui qui a été indûment dépouillé d'une chose doit la recouvrer.

On admet quelquefois une troisième exception résultant de la loi 14, C. *Commodato* 4,23 : *Prætextu debiti restitutio commodati non probabiliter recusatur.* Mais cette loi se rapporte moins à une véritable compensation qu'à l'exercice d'un droit de rétention que réclamerait le commodataire, jusqu'au paiement de la créance qu'il pourrait faire valoir par l'action contraire. Et si nous lisons la loi 18, § 4, D. *Commodati*, nous y voyons que la compensation était admise contre l'action *commodati.*

DEUXIÈME SECTION.

Du caractère, des effets et des conditions de la Compensation.

§ I. — Caractère et effets de la compensation.

La compensation à l'époque classique, ainsi que sous la procédure extraordinaire, est l'œuvre du juge. A-t-elle changé de caractère dans le dernier état du Droit romain? Devient-elle légale sous Justinien ?

Elle s'opère *ipso jure* sous cet empereur, mais ne cesse pas d'être judiciaire.

Étant données les significations différentes qu'on a attribuées aux mots *ipso jure*, pour marcher dans une voie sûre, nous croyons qu'il vaut mieux s'attacher moins aux termes qui énoncent le principe qu'aux effets de ce principe, tels qu'ils se sont produits en Droit romain, tels qu'ils nous sont exprimés par des textes nombreux. Connaissant les conséquences, il est facile d'édicter la règle ; c'est celle qui se trouve en parfaite harmonie avec les conséquences connues. On peut affirmer que cette règle s'impose, malgré le sens plus ou moins embarrassant et équivoque qui s'attache aux termes qui l'énoncent, malgré les vives et nombreuses difficultés que leur interprétation a soulevées et soulèvera encore.

Telle est la marche que nous avons suivie en étudiant la nature de la compensation sous le régime formulaire. Nous nous sommes attaché aux effets qu'elle produisait, et, ces effets étant ceux d'une compensation judiciaire, nous avons soutenu qu'elle ne s'opérait pas légalement, malgré les mots *ipso jure* contenus dans plusieurs textes.

On a dit que si la compensation était devenue un véritable mode d'extinction d'obligations, les *Institutes*, au lieu d'en parler au titre *De actionibus*, l'auraient traitée au titre *De quibus tollitur obligatio*. Mais cet argument n'a rien de décisif : si Justinien n'a pas rangé la compensation parmi les modes d'extinction des obligations, cela peut s'expliquer dans une certaine mesure par l'ordre qu'avait adopté Gaius, et que l'empereur a le plus souvent aveuglément suivi.

Ce qui sert de base à notre opinion, ce sont les textes qui excluent formellement, à l'époque classique, les conséquences nécessaires qu'aurait eues l'extinction immédiate des deux créances coexistantes ; or ces textes ont été insérés dans les recueils de Justinien : il se les est donc appropriés, et, acceptant les conséquences, forcément il acceptait le principe.

Du reste, si l'on peut avoir quelques doutes sur certaines dispositions du Digeste relativement au droit antérieur, il est évident qu'en ce qui concerne la législation de Justinien, ces dispositions sont à l'abri de toute attaque, puisque c'est ce dernier qui leur a donné force de loi.

Mais comment concilier la théorie d'une compensation judiciaire avec les mots *ipso jure*?

Justinien dit dans la loi 14, C. *De comp.* : *Compensationes ex omnibus actionibus ipso jure fieri sancimus, nulla differentia in rem, vel personalibus, actionibus inter se observanda.*

Et dans le § 30 du titre *De actionibus*, aux *Institutes* : *Nostra constitutio eas compensationes quæ jure aperto nituntur, latius introduxit, ut actiones ipso jure minuant, sive in rem, sive in personam, sive aliascumque.*

Les mots *ipso jure* contenus dans ces deux textes ne prouvent-ils pas que la compensation est devenue légale ?

Les mots *latius introduxit* n'impliquent-ils pas que Justinien ait voulu innover et transformer le caractère de cette institution ? L'affirmative semblerait au premier abord s'imposer.

Théophile lui-même nous dit : *Si habet quis adversum me actionem, sive strictam, sive bonæ fidei, de solidis decem, sed contra mihi debet solidos ter, ipso jure simul ac aliquid contra debetur, actio adversus me minuitur solidis tribus, ut haud amplius decem sed septem tantum solidos debeam.* Il en résulte que les deux créances s'éteignent du moment de leur coexistence jusqu'à concurrence de la plus faible d'entre elles. Tel est le sens des mots *ipso jure.* C'est bien le caractère d'une compensation légale.

Toutefois cette compensation légale n'a jamais existé à Rome, pas même sous Justinien, nous l'avons déjà dit. Elle existe aujourd'hui dans notre législation et se trouve consacrée par l'art. 1290 du Code civil. Elle s'opère de plein droit, par la seule force de la loi, même à l'insu des débiteurs. Il y a donc là un effet légal, indépendant de la volonté des parties, et, comme conséquence, celui qui a payé sciemment n'a plus que la *condictio indebiti* pour se faire rendre la somme comptée (1299). Mais cette conséquence existe-t-elle sous Justinien ? Non, puisque la loi 13, C. 4,31, nous dit : *Redditis his quæ venerant in compensationem non indebiti soluti repetitio sed ante debiti competit exactio.* Si vous avez payé des choses à l'occasion desquelles vous auriez pu opposer la compensation, vous avez non-seulement la *condictio indebiti*, mais encore l'action que vous aviez avant le paiement.

Si la compensation était légale, elle devrait entraîner

libération pour tous les *correi debendi*, même lorsqu'il n'y a pas société entre eux. De même, il faudrait dire que le débiteur qui se laisse condamner sans opposer la compensation et qui paie sur l'*action judicati*, n'aura plus de recours, puisque, d'un côté, il ne pourrait plus exercer l'action éteinte par la compensation, et que, de l'autre, on n'a pas la répétition de l'indu quand on a payé à la suite d'un jugement. Mais ce sont là des résultats formellement repoussés par les textes du Digeste.

Quelle explication faut-il alors donner aux mots *ipso jure* ?

M. Lair soutient également que la compensation n'a jamais cessé d'être judiciaire. Il fait remarquer avec beaucoup de raison que, si elle était devenue légale, les textes de Justinien ne la présenteraient pas partout comme devant être opposée : *compensationes quoque oppositæ; compensationes objici jubemus* (*Institutes*, *De act.*, § 39 ; et L. XIV, C. *De comp.*), et qu'ils n'en feraient pas un simple moyen d'empêcher le créancier d'obtenir tout ce qui lui est dû : *plerumque efficiunt ut minus quisque consequatur quam ei debeatur*. Si l'empereur avait voulu changer radicalement ce qui avait lieu avant lui, il est peu croyable qu'il se fût contenté de deux mots pour exprimer un changement aussi profond. Les expressions *latius introduxit* prouvent bien qu'il n'a voulu qu'étendre la compensation.

M. Lair donne aux mots *ipso jure* la signification suivante : « Dès que les deux créances ont coexisté, dès que les parties ont été un seul instant réciproquement obligées : *simul ac aliquid contra debetur*, comme le dit Théophile, il y a droit acquis pour elles à ce que les deux créances s'imputent l'une sur l'autre. C'est là désormais, comme le dit M. de Vangerow, un principe constant, un droit absolu qui ne dépend ni des circonstances, ni de la nature du contrat, ni de l'appréciation du juge. La compensation ne rentre plus seulement dans l'office du juge, en ce sens qu'il peut dans tous les cas en tenir compte; il est tenu d'y avoir égard, lorsque d'ailleurs les parties y ont évidemment droit : *jure aperto nituntur*. Justinien exige en effet pour cela que les droits des parties soient liquides, autorisant le juge à rejeter la compensation quand les droits invoqués ne présentent pas ce caractère. La compensation doit toujours être opposée par les parties et prononcée par le juge ; mais la seule coexistence des dettes suffit pour donner aux parties un droit à la compensation qui doit être considéré comme également acquis à tous les coobligés. »

Nous n'admettons pas cette explication. Justinien nous apprend qu'il a fait une innovation : *latius introduxit*.

Mais cette innovation consiste-t-elle en ceci que les parties auront un droit acquis à la compensation ? Non, car, selon nous, cela n'en serait pas une : il était en quelque sorte inutile de le dire. De tout temps, il était rentré dans les pouvoirs du juge, soit dans les actions de bonne foi, soit dans les actions de droit strict lorsque l'insertion de l'*exceptio doli* y fut admise, de tenir compte de ce qui pouvait être dû au défendeur. La compensation étant une institution basée sur l'équité, le juge, en principe, devait toujours l'accorder à celui qui la demandait, à moins que la créance de ce dernier ne fût pas reconnue fondée; et lorsque les deux dettes étaient liquides, c'était d'autant plus pour lui un devoir de compenser que l'opération lui était plus facile ; en sorte que cette condition de liquidité qu'exige Justinien, loin de venir à l'appui de l'explication de M. Lair, en est au contraire la condamnation pure et simple. Désormais il est vrai que les dettes doivent être liquides; mais lorsqu'elles auront ce caractère, il est également vrai de dire que le juge ne pourra refuser la compensation. Cela est évident, Justinien n'avait pas besoin de le dire; et si les mots *ipso jure* signifiaient que les parties ont un droit acquis, ils n'ajouteraient aucun sens à la disposition de l'empereur. Disons en outre que ce droit acquis dont parle M. Lair, et qui existait certainement avant Justinien, consiste tout simplement pour chacune des parties en une faculté éventuelle d'opposer la compensation, *si elle est poursuivie*, et que cette faculté dépend de la poursuite de la partie adverse. Je suis débiteur de Primus ; j'acquiers ensuite contre lui successivement deux créances différentes; je le poursuis pour la seconde. Pourrai-t-il opposer la compensation ? Oui; ce qui serait inadmissible si, moi poursuivant, j'avais droit acquis dès le jour où Primus est devenu mon débiteur : la compensation ne pourrait être opposée qu'à l'action de la première créance.

Nous pensons, avec la majorité des auteurs, que, par les mots *ipso jure*, Justinien a voulu dire que désormais le juge pourrait compenser sans qu'il soit nécessaire d'opposer l'*exceptio doli*.

Sans doute ces mots, en général, désignent un effet juridique produit par la seule force de la loi, sans la volonté de 'homme ; mais nous les trouvons quelquefois en Droit romain opposés aux mots *exceptionis ope*.

Ainsi la loi 27, § 5, D. 2,14, suppose que deux personnes, dont l'une était débitrice de l'autre, ont fait un pacte *ut ne petatur*. Ensuite elles ont fait un pacte *ut petatur*, pour détruire le premier.

Paul, en présence de ces faits, décide que le premier pacte ne sera pas détruit par le second *ipso jure*, comme le serait une première stipulation par une seconde stipulation faite en sens contraire. Une réplique sera nécessaire pour paralyser l'exception dirigée en vertu du premier pacte contre l'action qui compétait originairement au créancier. Il y a là une antithèse entre les expressions *ipso jure* et *exceptionis ope*. Cette antithèse, nous la trouvons également dans le § 30 des *Institutes*. *Ipso jure* est opposé au membre de phrase : *opposita doli mali exceptione*. Le mot *sed* indique nettement l'opposition. L'empereur vient d'exposer la disposition du rescrit de Marc-Aurèle admettant la compensation dans les actions de droit strict, moyennant l'insertion de l'exception de dol. Il nous apprend ensuite, dans la seconde phrase, qu'il a innové : *nostra constitutio..... latius introduxit*. Cette innovation consiste, à nos yeux, dans la suppression de l'emploi de l'exception de dol. Désormais, dans toutes les actions, la compensation sera un moyen de défense ordinaire, comme le paiement, que le défendeur fera valoir sans recourir à une forme spéciale de la procédure.

Théophile, probablement, s'est simplement attaché au résultat pratique de cette réforme. La créance n'est pas éteinte ; mais, puisqu'elle cesse d'être efficace dans la mesure de la compensation, on peut bien la considérer comme réduite dès le principe.

§ 2. — Conditions de la compensation.

Rien n'est changé aux conditions de la compensation, telles que nous les avons exposées pour l'époque du système formulaire et qui résultent de textes que Justinien a insérés dans ses recueils de lois. Mais la loi 14, C. *De comp.* exige une nouvelle condition : la créance opposée en compensation doit être liquide. Le motif de cette innovation est celui-ci : il ne faut pas qu'un défendeur de mauvaise foi puisse éluder la condamnation, en se prétendant créancier du demandeur au moment où la sentence va être rendue.

Ne peut-on pas dire qu'il y a antinomie entre cette condition de liquidité exigée et l'admission de la compensation dans les actions *in rem* ? La liquidité, en effet, comporte un quantum déterminé qui ne peut exister qu'en vertu d'une estimation du juge, lorsque la créance porte sur un corps certain, et fait donc défaut au moment où l'on voudrait opposer cette créance. Mais la généralité des termes : *causa ex qua compensatur*, nous montre que, pour qu'il y eût cause liquide, il n'était pas nécessaire que l'objet de la prétention eût été apprécié en argent ; il suffisait que le droit fût certain et qu'il eût un objet parfaitement déterminé. Comme le dit avec juste raison M. Lair (pag. 91), le juge n'avait pas à se poser les deux questions *an et quantum*, mais *an et quid*. L'appréciation en argent ne venait que subsidiairement pour régler les effets de la compensation.

Un défendeur peut-il opposer au commencement des procès une créance non liquide ? On l'a soutenu en disant que la condition de liquidité ne devait s'appliquer qu'aux créances alléguées au cours de l'instance (Doneau et Vinnius).

Mais sur quoi repose cette restriction ? Nous la repoussons parce que la règle de la loi est générale, et parce que le motif de l'innovation s'applique à tous les cas : Justinien ne veut pas que l'exception de la compensation complique et prolonge indéfiniment le procès. Le même danger existe, et doit être évité à quelque moment que le défendeur invoque son droit.

La loi 46, § 5, D. *De jure fisci*, donne deux mois au débiteur du fisc pour prouver sa créance ; Accurse en fait une règle générale, et conclut que tout défendeur avait deux mois pour rendre sa créance liquide. Mais il faut observer que cette loi est antérieure à la loi 14, qui exige la liquidité, et qu'elle constituait en faveur du fisc une restriction au droit du défendeur. Cette loi dut cesser d'être appliquée lorsque Justinien eut introduit un droit commun plus favorable encore aux demandeurs.

DEUXIÈME PARTIE.

De la Compensation dans l'ancien Droit français

La Gaule avait été une des premières provinces conquises par les Romains. Grâce à une organisation administrative et judiciaire puissante, l'assimilation fut prompte. Le Droit celtique avait disparu avec les Druides, pour faire place à la législation romaine.

Plus tard, quand le vaste empire des Césars dut tomber sous les coups des barbares ; quand peu à peu, sur son territoire, vinrent s'élever de nouveaux royaumes, il se produisit alors ce fait digne de remarque : c'est que l'antique esprit de Rome survécut chez les nations qui avaient été ses provinces, et que les barbares n'imposèrent aux peuples conquis ni leurs institutions ni leurs lois.

Il paraît certain que la pratique de la compensation se maintint même après l'invasion, et qu'elle se conserva dans la Gaule franque. C'est en effet dans la *lex romana Wisigothorum* ou Bréviaire d'Alaric que nous trouvons le texte de Paul qui excepte de la compensation le cas du dépôt : *In causa depositi compensationi locus non est, sed res, ipsa reddenda est*, et cet autre texte qui a donné lieu à de si graves difficultés, dans lequel se trouvent ces mots : *Si totum petas, plus petendo causa cadis*.

Si l'autorité légale de la *lex romana* se bornait au royaume wisigoth, son influence alla bien au-delà. Le Bréviaire fut de bonne heure aux mains de tous les comtes, et ce fut lui seul qui conserva dans la dissolution de l'empire carlovingien et au moyen âge quelque connaissance du Droit romain.

La compensation fut-elle pratiquée dans les autres royaumes barbares ? Il est probable que partout où le Droit romain avait pénétré quelque peu, le principe si naturel et si équitable de la compensation dut recevoir son application. Ainsi s'en conserva l'usage dans ces provinces méridionales qu'on devait plus tard appeler pays de Droit écrit.

C'était dans la constitution de la souveraineté féodale, dans l'intérêt des justices seigneuriales, que la compensation devait rencontrer des obstacles inattendus. La révolution qui au IXe et au Xe siècle couvrit le sol d'une multitude de petits souverains, le couvrit en même temps d'un réseau de justices seigneuriales.

Les lois, de personnelles qu'elles étaient, devinrent territoriales. Pour donner une sentence, le juge examinait les précédents, n'ayant souvent d'autre archive que sa mémoire ; c'est ainsi que se formèrent les coutumes locales, pour prendre place dans l'administration de la justice et se substituer aux lois écrites.

On peut dire que le Droit était partout coutumier au fond. Mais, le Nord étant plus profondément pénétré de l'invasion germanique, la coutume, de ce côté, prit un caractère germanique. Au Midi, au contraire, la coutume était plutôt romaine, car, de ce côté, l'influence germanique n'était pas accentuée et la tradition romaine était entrée dans les mœurs.

Cette division de l'ancienne France en deux grandes zones s'annonce déjà dès le IXe siècle, dans un édit de Charles le Chauve, rendu à Pistes en 804. Le cours de la Loire servait à peu près de limite entre les pays de Droit coutumier et les pays de Droit écrit.

Quel est le sort de la compensation, une fois la révolution féodale accomplie ?

Au-dessous des grands feudataires, ducs, comtes, viguiers, se trouvaient une foule de petits seigneurs possédant les droits de fisc, de police, de justice. Or, à cette époque, le droit de justice n'était pas seulement une prérogative de la souveraineté locale, c'était aussi une source de revenus. Les seigneurs commencèrent par s'attribuer une partie des objets sur lesquels portait la contestation ; plus tard ils affermèrent certains droits et vendirent les offices de judicature. L'esprit du droit féodal était donc peu favorable à l'institution de la compensation, puisqu'elle diminuait le nombre des procès, et qu'au contraire les justices seigneuriales étaient intéressées à les voir accroître, pour voir en même temps grossir leurs profits. C'est ce qui donna naissance au droit de *revendication de cause*, ou *retrait de barre* ; au moyen de cette procédure, le justicier pouvait revendiquer, lorsqu'elles étaient appelées par une autre juridiction, les causes qu'il avait le droit de juger.

L'histoire de la compensation, dans l'ancien Droit, nous présente des vicissitudes analogues à celles que nous avons remarquées dans le Droit romain. Au moyen âge comme à Rome, nous voyons cette institution resserrée d'abord dans d'étroites limites et même entièrement proscrite ; mais ensuite elle se développe peu à peu malgré les obstacles; elle brise les entraves qui l'avaient longtemps enchaînée. La lutte que la jurisprudence romaine a soutenue contre le vieux Droit des XII Tables au nom de l'équité, les légistes et l'Église la soutiennent à leur tour contre le droit brutal et égoïste des temps féodaux.

Il nous faut jeter un coup d'œil rapide sur les doctrines des glossateurs et des canonistes, dont la double influence amena une transformation dans le Droit coutumier, et par suite dans la compensation.

École des Glossateurs. — Au XIIe siècle, la découverte des *Pandectes*, qui reposaient dans quelque couvent de l'Italie, fit révolution dans la science du Droit romain. On se livra avec ardeur à l'étude de cette législation, que l'on appela, à cause de sa logique, raison écrite, et qui paraissait d'autant plus parfaite qu'on ne pouvait la comparer qu'aux coutumes informes qui tenaient lieu de lois.

Les glossateurs discutèrent longtemps sur la nature de la compensation. La plupart d'entre eux professaient qu'elle devait toujours être opposée ; mais la compensation légale avait ses défenseurs. Selon Accurse, elle ne s'opérait de plein droit que pour faire cesser le cours des intérêts ; Bartole assimile la compensation au paiement fait durant l'instance : « Cette exception de compensation, dès qu'elle est opposée par l'homme, éteint de plein droit l'action ».

Les docteurs exigeaient d'ailleurs, conformément à la loi dernière au Code *De comp.*, que la créance opposée en compensation fût liquide ou du moins d'une liquidation facile. Si le débiteur a besoin d'un délai, Dynus veut qu'on lui accorde deux mois, en se fondant sur la loi 46, D. *De jure fisci*. Mais on soutient généralement qu'il fallait s'en rapporter à cet égard à l'appréciation du juge : «*Alii dicunt hoc esse arbitrio judicis relinquendum*, dit Bartole, *et Glossa et doctores videntur in hoc residere*».

Droit canonique. — A côté des lois romaines et des lois germaines, le Droit canon, composé des lois de l'Église, était venu prendre place. Les évêques eurent de bonne heure juridiction sur les clercs et connurent de toutes les affaires qui se rattachaient à la religion d'une manière directe ou indirecte. Telles étaient celles qui avaient trait au mariage ou au serment. Leur pouvoir fut grandissant, et il se forma des circonscriptions ecclésiastiques indépendantes des circonscriptions administratives. Beaucoup d'affaires furent soustraites à la connaissance des tribunaux séculiers pour être soumises aux juges d'Église, et ce ne fut pas les moins importantes ni les moins nombreuses. Le Droit canon avait son origine dans la tradition et les livres saints ; mais il avait adopté les principes, la langue, et souvent même les termes des lois romaines. Le clergé était plus éclairé que les juges laïques, et les plaideurs regardaient comme un bienfait d'être soumis à sa juridiction parce qu'ils trouvaient en elle plus de douceur et d'équité que dans celle du Droit commun.

« Ce fut, au moyen âge, la suprême habileté de l'Église que d'étendre sa juridiction et sa législation, comme sa suzeraineté, en les faisant désirer, en assurant à ceux qui s'y soumettaient l'ordre au milieu du désordre, la justice au milieu de l'oppression. Il y eut des limites infranchissables pour sa juridiction, non pour ses lois ; elles furent souvent suivies par ceux qui n'étaient pas forcés de les appliquer.» (Desjardins, pag. 208.)

Pour avoir quelques notions sur cette législation canonique, il nous faut remonter aux canonistes des XVIe et XVIIe siècles; mais il est probable que leurs règles sont les mêmes que celles observées par l'Église au moyen âge.

La compensation fut acceptée par le Droit canon, qui voit en elle un paiement tacite, pourvu que les deux créances soient liquides et que l'une d'elles ne vienne pas d'un dépôt. Le clergé ne considérait pas comme une source de profits le droit de rendre justice. Le juge d'Église ne recevait, pour les procès qu'il jugeait, que des honoraires de peu d'importance, en sorte que la compensation, qui est toute d'équité, devait nécessairement recevoir son application. Mais elle n'était pas légale; c'était le juge qui la prononçait.

Une question sur laquelle les canonistes et les jurisconsultes du Droit civil furent loin de s'entendre, était celle de savoir si la compensation devait être accordée à celui qui avait juré de payer. Cette question n'a plus pour nous qu'un intérêt historique ; aussi nous n'entrerons pas dans le détail de cette longue controverse. Les canonistes soutenaient la négative, car, dit Séraphin : « le serment est *stricti juris*, et dans le doute il faut prononcer contre celui qui l'a prêté, à cause du péril de son âme». Les docteurs, au contraire, adoptaient l'affirmative : « Le serment, dit Dumoulin, reçoit toutes les conditions sous-entendues et limitations qui sont de la nature de l'acte à propos duquel il est prêté». (*De Censive*, tit. II, pag. 3.)

Quand les deux dettes avaient pour objet des choses non fongibles entre elles, le Droit canon autorisait la rétention à défaut de compensation. Ainsi, une personne pouvait retenir le corps certain qu'elle devait à un tiers, pour s'assurer du paiement de la somme que ce tiers lui devait à elle-même, pourvu que la chose qui faisait l'objet de ce droit de rétention ne lui eût pas été donnée en dépôt, et cela alors même que cet objet dépassât la valeur que lui devait ce tiers. Partant de cette idée, plusieurs canonistes admirent une *compensatio injusta*. Elle consistait à faire passer en sa possession une chose qu'on voit dans les mains de son débiteur, afin d'être sûr d'obtenir le paiement. Mais, pour que cette compensation fût légitime au *for intérieur*, comme dit Mgr Gousset dans sa *Théologie morale* (tom. I, n° 777), il fallait : 1° que le débiteur ait refusé de rendre ce qu'il devait ; 2° que cette chose appartînt au débiteur, autrement ce serait un vol ; 3° que le créancier ne prît pas plus que ce qui lui était dû ; 4° que la dette fût certaine, et pour le droit et pour le fait.

Droit coutumier jusqu'au XVIe *siècle.* — Nous savons que le Droit féodal proscrivait absolument la compensation. De là le vieil adage : « Compensation n'a point lieu en cour laye »; et cette maxime : « Une dette n'empêche pas l'autre ». Celui qui devait une somme était obligé de la payer au créancier qui le poursuivait, sauf à son tour à poursuivre le créancier, mais devant le juge de ce dernier. De là, la nécessité de deux procès quand aucune des dettes n'était payée volontairement

Cependant la royauté sut peu à peu dominer les influences féodales, grâce à la sagacité des légistes.

Les *cas spéciaux* s'accrurent bientôt, grâce à l'habile politique de la Couronne. Cette réserve de certaines affaires à la justice royale venait de ce que *toute justice émanait du roi* : le prince était donc libre, en accordant à certaines personnes le droit de rendre la justice, de soustraire quelques procès à leur juridiction pour se les réserver.

Pendant le XIVe et le XVe siècle, la coutume, s'inspirant déjà du Droit romain, apporte chaque jour des améliorations au Droit féodal ; le Droit romain et le Droit canon lui imposent en quelque sorte leur supériorité.

Mais ce n'est qu'au XVIe siècle, après le triomphe de la royauté dans sa lutte contre la féodalité, que la compensation se fait jour d'une manière positive au moyen de lettres royaux. Elle n'est pas cependant admise d'une manière générale. Le Droit coutumier tient encore pour maxime qu'une dette n'empêche pas l'autre, au dire de Dumoulin ; et Loysel nous dit : « Compensation n'a lieu, si la dette qu'on veut compenser n'est pas liquide et par écrit ».

Peu à peu la pratique des lettres royaux ne tarde pas à tomber en désuétude, et la compensation commence à s'affranchir de ces entraves.

Les lettres cessent d'être exigées devant les juridictions inférieures ; elles ne le sont plus que devant les cours souveraines et seulement lorsque le défendeur invoque une dette qui n'est pas liquide. Enfin la nouvelle rédaction de la *Coutume de Paris*, en 1580, présente la compensation comme règle de droit commun : « Compensation a lieu d'une dette claire et liquide à une autre pareillement claire et liquide, et non autrement. » (Art. 105.)

La plupart des autres coutumes contiennent des dispositions semblables. Et là où la compensation n'est pas la règle, on est admis à l'opposer au moyen de lettres royaux.

NATURE DE LA COMPENSATION DANS LE DERNIER ÉTAT DE L'ANCIEN DROIT.

Pendant le XVIIe siècle, on interprétait déjà l'art. 105 de la coutume de Paris en faveur de la compensation légale, ainsi que l'attestent Brodeau et Ferrières. « La compensation, dit le premier, se fait naturellement et de plein droit : *sine ulla sententia judicis, tollit actionem ipso jure*, comme Cujas a montré. »

« Elle a lieu de plein droit, dit également le second, et ainsi en usons-nous. »

Au XVIIIe siècle, tous les grands jurisconsultes professaient cette doctrine, et Pothier écrivait : « Lorsque l'on dit que la compensation se fait de plein droit, *ipso jure*, cela signifie qu'elle se fait par la seule vertu de la loi, sans qu'elle ait été prononcée par le juge, ni même opposée par aucune des parties. Je ne suis obligé d'opposer la compensation que pour instruire le juge que la compensation s'est faite ; de même que lorsque quelqu'un me demande une dette que j'ai payée, je suis obligé, pour instruire le juge, d'opposer et de rapporter les quittances. » Telle était aussi l'opinion de Bourjon, et la pratique était partout conforme à cette doctrine.

Mais dans les coutumes qui étaient muettes sur la compensation et où il fallait des lettres pour être admis à l'invoquer, la compensation agissait-elle *ipso jure* ou n'avait-elle d'effet que du moment où elle était opposée ?

Il faut avouer que l'effet légal de la compensation est difficile à concilier avec l'exigence des lettres. Cependant Ferrières soutenait que la compensation se produisait *ipso jure*, parce que les lettres n'étaient qu'une formalité.

Mais il était contredit par Buridan, qui écrivait : La compensation se fait *ipso jure, sauf les coutumes où il faut des lettres*.

Quoi qu'il en soit, l'usage de ces lettres diminua de plus en plus, et il paraît avoir entièrement cessé dans le dernier état de notre ancien Droit.

DES CONDITIONS DE LA COMPENSATION.

1° *Identité d'objets*. — La compensation légale ne se comprend qu'entre deux dettes ayant pour objet des quantités de même nature. Le principe que nos anciens auteurs répètent sans cesse, c'est que la compensation est l'image d'un paiement réciproque : *æquiparatur solutioni*. Un créancier ne peut être forcé de recevoir en compensation ce qu'il ne pourrait être forcé de recevoir en paiement ; par conséquent, quand une chose, quoique de sa nature fongible, est due comme corps certain et déterminé, elle n'est pas susceptible de compensation. Pothier cite cependant un cas où la dette de corps certain est compensable : c'est lorsque deux personnes se doivent l'une à l'autre une part indivise dans le même héritage. Mais, dans ce cas, on peut dire que ce sont des immeubles qui, par exception, se trouvent fongibles entre eux, car ce n'est pas la nature des choses qui rend les choses fongibles, c'est l'intention des parties.

L'ancien Droit admettait aussi ce que nous appelons la *compensation facultative*. Ainsi, je puis vous payer les six pièces de vin de votre récolte que vous m'avez vendues, avec les six pièces de vin que je vous dois *in genere*. Dans ce cas, en effet, je puis renoncer à l'avantage, auquel j'avais droit, de recevoir six pièces déterminées de vin de votre récolte ; mais ce n'est plus une compensation légale : « Dépendant de mon choix, dit Pothier, *elle n'a lieu que du jour où je déclare ce choix, et non de plein droit* ».

2° *Liquidité.* — Les deux dettes doivent être liquides. Une dette est liquide lorsqu'il est constant qu'il est dû et combien il est dû. C'est la condition fondamentale exigée par toutes les coutumes qui admettent la compensation.

Il faut remarquer que cette condition est en contradiction avec le principe d'une compensation légale. Quand la simple coexistence de deux dettes suffit pour les éteindre, qu'importe qu'elles soient ou non liquides devant le juge ?

Notre ancienne jurisprudence paraît avoir assimilé aux dettes liquides les dettes facilement liquidables, et avoir admis que les secondes comme les premières se compensaient légalement. « C'est de la prudence du juge, dit Domat, que dépend le discernement de ce qui est liquide et de ce qui ne l'est pas..... Il ne doit pas refuser un délai modique pour cette discussion, si elle peut se faire aisément et en peu de temps. »

3° *Exigibilité.* — Il faut que les deux dettes soient exigibles, et d'abord qu'elles puissent donner lieu à des actions. Ce principe ne souffre pas, comme en Droit romain, une exception en faveur des obligations naturelles : « Ce qui est dû par le droit naturel, dit Ferrières, n'est pas exigible ; partant, pas compensable. » Les obligations naturelles de notre ancien Droit n'avaient que le nom de commun avec celles du Droit romain :

c'étaient celles pour lesquelles la loi refusait l'action parce qu'elle en réprouvait la source, et qui naissaient des contrats des incapables. Les premières n'auraient pas été rangées à Rome parmi les obligations naturelles ; les secondes n'auraient pu y être invoquées en compensation.

Mais s'il faut que les créances soient munies d'actions, il est nécessaire, comme en Droit romain, que l'effet n'en soit point paralysé par une exception.

Une dette ne peut entrer en compensation que si elle est pure et simple. Ainsi, la condition, le terme conventionnel, empêchent la compensation. (Pothier, *Obligations,* 627.)

Le terme de grâce n'a pas le même effet que le terme conventionnel ; le débiteur qui l'a obtenu s'en trouve déchu dès qu'il peut s'acquitter.

4° *Réciprocité.* — Chacune des deux parties doit être personnellement et principalement créancière et débitrice. Ainsi, dit Pothier, je ne puis invoquer la compensation de ce qu'on doit à mon père, ni à ma femme séparée de biens ; mais si je suis en communauté avec celle-ci, ce qui lui est dû m'est vraiment dû, et je pourrai l'opposer en compensation.

Pothier et Domat admettent que le débiteur solidaire pouvait opposer en compensation ce qui était dû à son codébiteur. Le Code civil, nous le verrons, en a décidé autrement.

Le débiteur, dans notre ancien Droit, pouvait opposer au cessionnaire la compensation de ce que lui devait le cédant avant la signification ou l'acceptation du transport, non toutefois de ce dont il n'était devenu créancier du cédant que depuis cette signification ou acceptation ; à moins que, connaissant sa créance et ayant accepté purement et simplement le transport, le débiteur n'eût en quelque sorte renoncé à la compensation, auquel cas il n'y aurait pas été admis (Pothier).

CAS EXCEPTIONNELS OÙ LA COMPENSATION N'A PAS LIEU.

1° Demande en restitution d'une chose enlevée par violence : *spoliatus ante omnia restituendus.*

2° Demande en restitution d'un dépôt. Mais comme la compensation n'est possible qu'entre deux dettes de quantités, ce qui, on le sait, n'existait pas en Droit romain, Pothier remarque que ce principe doit s'entendre du dépôt irrégulier dans lequel on doit rendre, non pas les mêmes espèces, mais la même somme.

3° Les aliments déclarés insaisissables n'entrent point en compensation. Pourquoi ? Parce qu'ils ne pourraient être saisis pour payer les tiers : or la compensation est une espèce de saisie ; et ensuite, ajoutent les anciens auteurs, parce que, les aliments étant nécessaires à la vie, on commettrait une espèce d'homicide si on les faisait entrer en compensation.

EFFETS DE LA COMPENSATION.

La compensation ayant lieu par la force même de la loi, « les parties n'ont besoin de l'opposer que pour avertir le juge qu'elle est opérée », dit Pothier. De ce principe que la compensation a lieu de plein droit, découlent de nombreuses conséquences :

1° Les intérêts ne courent plus du moment de la coexistence que pour l'excédant de l'une des deux dettes sur l'autre ;

2° Dès que les deux dettes coexistent, les cautions sont libérées, et les objets donnés en nantissement peuvent être répétés ;

3° Celui qui paie par erreur, nonobstant la compensation, a la *condictio indebiti* ;

4° La compensation occasionne un paiement partiel que le créancier est forcé d'accepter ;

5° L'imputation se fait, comme dans le paiement, sur celle des dettes que le débiteur a le plus d'intérêt à acquitter.

Notre ancien Droit ne proscrivait pas la renonciation à la compensation. C'est ce que nous apprend Valin, et cette renonciation pouvait avoir lieu, soit expressément, soit tacitement.

TROISIÈME PARTIE.

De la Compensation dans le Droit français moderne.

INTRODUCTION.

La compensation, de nos jours, est un véritable mode d'extinction d'obligations.

Cela résulte d'abord de l'art. 1234 du Code civil, qui porte : « Les obligations s'éteignent.... par la compensation »; et ensuite de l'art. 1289 : « Lorsque deux personnes se trouvent débitrices l'une envers l'autre, il s'opère entre elles une compensation qui éteint les deux dettes de la manière et dans les cas ci-après exprimés».

Nous étudierons successivement, comme en Droit romain, le caractère de cette compensation, ses conditions et ses effets.

A côté de la compensation légale, se trouvent deux autres sortes de compensations que nous aurons à examiner, quoique le Code ne les traite pas : ce sont la compensation facultative et la compensation reconventionnelle.

La compensation facultative est celle qui est opposée par la partie dans l'intérêt de laquelle la loi a rejeté la compensation légale.

La compensation reconventionnelle est celle qui s'opère sur une demande incidente formée par celle des parties en faveur de laquelle n'existent pas toutes les conditions de la compensation légale.

Indépendamment de ces trois sortes de compensation, il en existe une autre, celle qui ne peut s'opérer que par le consentement mutuel des parties : c'est la compensation conventionnelle. Elle dérive de la convention, et s'opère à l'instant et de la manière convenus par elles.

La compensation conventionnelle a acquis en Angleterre une importance considérable par suite de la création du *clearing-house*.

En Angleterre, chaque commerçant a un banquier qui touche pour lui ses effets de commerce et ses autres créances. Quand il a un paiement à faire, il donne à son débiteur un chèque payable chez son banquier, de sorte que les maisons de banque sont créancières et débitrices les unes des autres.

Pour effectuer ces paiements, les banquiers se réunissent dans un local appelé *clearing-house* (maison de liquidation). Chacun d'eux se place à un des pupitres disposés autour d'une salle, et qui porte son nom. Une boîte est placée devant chaque pupitre, et les autres banquiers viennent y déposer les mandats qu'ils ont contre celui dont le nom est inscrit au-dessus de la boîte. Quand tous les mandats sont déposés, chacun fait l'addition de ce qu'il doit à ses confrères et de ce qui lui est dû par eux. La différence est payée par celui qui doit plus qu'il ne lui est dû à celui qui devait moins qu'il ne lui était dû par les autres.

Comme on le voit, cette institution repose sur le principe que les sommes dues par une maison de banque à une autre maison se compensent avec celles qui lui sont dues par quelque maison de banque que ce soit, à condition qu'elle fasse partie de l'association qui porte le nom de *clearing-house*.

CHAPITRE PREMIER.

De la Compensation légale.

PREMIÈRE SECTION.

Nature de la Compensation.

Le caractère de la compensation est déterminé par l'art. 1290 : « La compensation s'opère de plein droit, par la seule force de la loi, même à l'insu des parties ; les deux dettes s'éteignent réciproquement, à l'instant où elles se trouvent exister à la fois, jusqu'à concurrence de leurs quotités respectives. »

Le principe de la compensation *légale* se trouve nettement posé ; c'est dans une formule énergique la reproduction de la théorie de l'ancien Droit que Pothier exprimait ainsi : « Lorsqu'on dit que la compensation se fait *de plein droit*, *ipso jure*, cela signifie qu'elle se fait par la seule vertu de la loi, sans qu'elle ait été prononcée par le juge, ni même opposée par aucune des parties. » (N° 635.)

Du principe admis par le Code civil, nous devons dégager plusieurs conséquences :

1° La compensation ne dépend pas plus du juge que des parties. Ainsi, Primus est débiteur de Secundus ; il a contre ce dernier deux créances, dont une seule réunit les conditions requises ; c'est avec cette dernière que la dette de Primus se compensera. Il n'appartient pas au juge de suspendre ou rétracter la compensation, pour l'opérer plus tard au moyen de l'autre créance. Toutefois, il existe un arrêt de la Cour de Cassation (9 août 1842) qui décide que si le créancier des sommes liquides et exigibles non productives d'intérêts, et d'autres sommes susceptibles d'en produire, mais non liquides, devient débiteur d'un prix de vente produisant intérêts, le tribunal peut refuser de déclarer la compensation de la créance liquide et la reculer jusqu'au jour où la créance non liquide aura été liquidée, pour l'établir entre celle-ci et le prix de vente. M. Desjardins fait remarquer avec juste raison (pag. 356) que cette doctrine substitue à la compensation légale une compensation entièrement discrétionnaire de la part du juge.

2° Lorsque le défendeur n'oppose pas la compensation, le juge peut déclarer d'office qu'elle a lieu. Cette conséquence est contestée toutefois par MM. Aubry et Raux. Ces auteurs invoquent à tort, à l'appui de leur opinion, l'autorité du Duranton (tom. XII, n° 382), dont les termes sont simplement ceux-ci : « Il faut, sans doute, que celui qui est poursuivi en justice en paiement de sa dette, nonobstant la compensation qui l'a éteinte, allègue que la compensation a eu lieu ».

Nous reconnaissons, avec Duranton, qu'il faut que la partie allègue sa créance, car le juge ne peut la deviner. Mais nous ne croyons pas qu'elle ait besoin de conclure à la compensation. Nous supposons le cas où le juge est saisi de *demandes respectives*. Dans cette hypothèse, il peut et doit déclarer la compensation, et, s'il y a lieu, condamner la partie qui reste débitrice de l'excédant. Nous adoptons en cela l'opinion de Merlin.

3° Le défendeur qui oppose la compensation n'est pas tenu d'introduire, par voie d'ajournement, une demande reconventionnelle ; une simple requête lui suffit (Paris, 12 mai 1813). La compensation, en effet, n'est qu'une défense.

Mais par une conséquence inverse, ainsi que nous le verrons plus loin, si l'on se bornait à opposer sous cette forme et par voie de simple exception la compensation d'une créance non liquide, ce qui est le cas d'introduire des conclusions reconventionnelles, les juges pourraient et devraient se borner à la rejeter, sans faire liquider la créance.

4° La compensation peut être opposée en tout état de cause, en première instance, jusqu'à la sentence définitive ; même en appel pour la première fois, d'après l'art. 464, C. *De broc.*, la créance opposée n'eût-elle pris naissance que depuis l'appel, et fût-elle supérieure à celle qui faisait l'objet de la demande ; même sur l'exécution du jugement ou de l'arrêt qui condamne à payer la dette compensée, attendu, dit Merlin, « que c'est une de ces exceptions qui tiennent lieu de paiement » ; attendu qu'on peut opposer une quittance retrouvée à l'exécution du jugement qui condamne à payer une dette qu'on a réellement acquittée.

Mais elle ne pourrait être opposée devant le Conseil d'État et la Cour de Cassation, où elle serait repoussée comme moyen nouveau.

Le jugement a beau avoir acquis force de chose jugée, le débiteur peut assigner son créancier pour arrêter l'exécution, en faisant prononcer la compensation accomplie. L'autorité de la chose jugée ne s'en trouve pas attaquée. (Cass. 19 mai 1817.)

Quoique la compensation s'opère de plein droit, par la seule force de la loi, il n'en est pas moins vrai qu'elle doit être opposée en justice, quand l'une des personnes agit contre l'autre pour se faire payer. Sans doute le juge n'a pas à la faire, mais il doit déclarer qu'elle a eu lieu, de même qu'il doit constater un paiement quand il entraîne le rejet de la demande.

DEUXIÈME SECTION.

Conditions de la Compensation légale.

Le nombre de ces conditions diffère suivant les auteurs. M. Colmet de Santerre cite trois conditions.

Aubry et Rau en exigent quatre. M. Demolombe en énumère cinq. Enfin M. Desjardins en trouve six.

Nous croyons qu'il résulte des articles du Code 1289 et 1291, que quatre conditions sont nécessaires pour que la compensation légale ait lieu. Mais ces deux articles n'en exigent pas davantage.

Au reste, la divergence des auteurs sur le nombre est plus apparente que réelle.

M. Colmet de Santerre, qui n'en voit que trois, ne juge pas à propos de revenir sur l'art. 1289, dans lequel nous trouvons la notion de la compensation.

M. Demolombe fait consister la cinquième condition en ce que les dettes ou l'une d'elles ne soient pas au nombre de celles que la loi a exceptées de la compensation.

M. Desjardins, qui en cite six, fait consister la cinquième en ce que les deux dettes soient, par la nature de leur cause, susceptibles d'entrer en compensation.

A nos yeux, ce n'est pas là une condition à proprement parler, puisqu'en règle générale toutes les créances sont susceptibles d'entrer en compensation, quelle que soit leur cause; c'est ce qui résulte des termes mêmes de l'art. 1293.

Il voit la sixième condition dans l'art. 1298. Mais on ne peut pas dire que cet article constitue une condition particulière à la compensation. Sa disposition principale est l'énoncé d'une règle générale qui s'applique à divers modes d'extinction des obligations, au paiement comme à la remise de la dette, à la novation comme à la confusion.

Nous avons dit que quatre conditions sont requises pour que la compensation légale ait lieu. Énumérons-les : Il faut :

1° Que les deux dettes soient identiques dans leur objet;

2° Qu'elles soient liquides ;

3° Qu'elles soient exigibles ;

4° Que les deux parties soient personnellement et principalement créancières et débitrices l'une de l'autre.

Nous allons reprendre et étudier chacune de ces conditions en particulier.

PREMIÈRE CONDITION.

Les deux dettes doivent être identiques dans leur objet.

Cette condition résulte de l'art. 1291, qui est ainsi conçu : « La compensation n'a lieu qu'entre deux dettes qui ont également pour objet une somme d'argent, ou une certaine quantité de choses fongibles de la même espèce, et qui sont également liquides et exigibles.

» Les prestations en grains ou denrées, non contestées, et dont le prix est réglé par les mercuriales, peuvent se compenser avec des sommes liquides et exigibles. »

Il faut que les deux dettes aient également pour objet une somme d'argent ou une certaine quantité de choses fongibles de la même espèce, c'est-à-dire il faut que les deux dettes soient semblables, identiques dans leur objet.

Cette condition s'imposait d'elle-même au législateur, car elle résulte de la nature même de la compensation. Celle-ci n'est qu'un double paiement fictif; il fallait donc se conformer aux règles édictées pour le paiement. Or, aux termes de l'art. 1243 : « Le créancier ne peut être contraint de recevoir une autre chose que celle qui lui est due, quoique la valeur de la chose offerte soit égale ou même plus grande ». Donc il ne peut pas non plus être contraint de conserver en paiement de la chose qui lui est due une autre chose qui est due par lui, et que son débiteur ne pourrait pas lui rendre s'il la lui avait payée.

Cette condition est indispensable pour atteindre le but que le législateur s'est proposé en admettant la compensation, à savoir : que les parties doivent se trouver, après la compensation opérée, dans la même situation où elles se trouveraient si elles avaient l'une et l'autre exécuté effectivement leur obligation. Or, supposons que je doive mille francs à Primus et que ce dernier me doive un cheval. Si, dans cette hypothèse particulière, la compensation se produisait, je recevrais en paiement du cheval qui m'est dû une somme d'argent, et Primus, au lieu de mille francs, recevrait un cheval. L'opération intervenue ne pourrait plus être assimilée à un paiement ; dans le cas particulier que nous avons prévu, ce serait une vente ; dans l'hypothèse où les deux dettes auraient pour objet des corps certains, ce serait un échange ; et dans l'un et l'autre cas, ces contrastes se formeraient indépendamment de la volonté des parties. Quand au contraire les choses dues de part et d'autre sont *fongibles* entre elles, le premier créancier recevant paiement pourrait remettre, pour s'acquitter de son obligation personnelle, la chose même qu'il a reçue, et c'est dans cette hypothèse seule que la compensation peut se comprendre et être admise.

Par choses fongibles, le législateur entend parler de choses qui n'ont pas le caractère personnel, qui sont le contraire de ce que nous appelons corps certains. On les appelle ainsi parce qu'elles font fonction l'une de l'autre et peuvent se remplacer mutuellement.

La fongibilité n'est jamais absolue ; c'est l'intention des parties qui rend les objets fongibles.

On a quelquefois malheureusement confondu les choses fongibles avec les choses qui se consomment par l'usage. Cette confusion repose sur le fait suivant : D'ordinaire, les parties qui livrent des choses qui ne se consomment pas par l'usage, les livrent sous la condition qu'on leur rendra ces mêmes choses ; s'il s'agit, au contraire, de choses qui se consomment par l'usage, il est sous-entendu dans la convention que la partie qui les reçoit pourra se libérer en restituant d'autres choses de même espèce et qualité. On en a conclu que les dernières doivent être réputées fongibles, et que les premières ne présentent point ce caractère.

Cette proposition est tout à fait inexacte, car une chose peut être fongible sans se consommer par l'usage, et réciproquement une chose qui se consomme par l'usage peut être un corps certain. Ainsi, deux bibliothèques peuvent être des choses fongibles pour deux libraires ; d'un autre côté, des pièces de monnaie destinées à être montrées sont des corps certains, de sorte qu'on ne peut les remplacer par d'autres.

Quoique les immeubles ne soient pas, en général, considérés comme fongibles, ils peuvent dans certains cas être envisagés comme tels, et, par conséquent, être l'objet d'une compensation. Ainsi, deux personnes font profession d'acheter des immeubles pour les revendre ; elles sont respectivement créancières et débitrices l'une de l'autre d'un même nombre d'hectares de terre à prendre dans tel département. La fongibilité des immeubles dus existe dans cette hypothèse ; la compensation pourra donc avoir lieu.

En résumé, pour savoir, en matière de compensation, si les deux dettes ont pour objet des choses fongibles, il faut voir sous quel aspect les parties les ont considérées, et si, dans leur commune intention, l'une d'elles peut être remplacée identiquement par l'autre.

Il est à remarquer qu'il ne suffit pas que les objets des deux dettes soient des choses fongibles ; il faut de plus que les choses dues par les deux parties soient fongibles entre elles : *de la même espèce*, dit l'art. 1291. La compensation est donc possible entre deux dettes portant sur des sommes d'argent ou bien sur des choses de même nature, qualité et bonté. Mais supposons que Primus doive une pièce de vin de Bourgogne à Secundus, et que ce dernier lui doive une pièce de vin de Bordeaux : la compensation ne peut avoir lieu, car ce serait forcer une des parties de recevoir en paiement un autre vin que celui qui lui est dû.

Du principe que l'identité des choses dues est une condition de la compensation légale, il s'ensuit qu'une dette alternative n'est pas compensable tant qu'elle demeure alternative ; on ne peut pas priver l'une des parties du choix qui lui appartient et qui est une modalité de son obligation. Mais lorsque le choix sera fait, si la chose due est fongible vis-à-vis de l'objet de la créance, la compensation s'opérera ; ce sera un cas de compensation facultative.

Que faut-il décider en cas de dette facultative ? Ce qui fait le doute, c'est que cette obligation n'a pour objet qu'une chose, l'autre n'étant qu'*in facultate solutionis* ; aussi a-t-on soutenu qu'il y aurait compensation si le débiteur de l'obligation facultative laissait passer l'échéance de la dette sans rien dire. Cette décision nous semble téméraire ; le seul fait de l'échéance ne suffit pas pour dénaturer l'obligation facultative et enlever au débiteur la modalité sous laquelle il devait, et qui constitue pour lui le droit de n'être pas forcé de payer l'une des deux choses plutôt que l'autre ; or, s'il ne peut pas être forcé de payer, il ne doit pas être forcé de compenser.

Quid, lorsque la dette est contractée sous une clause pénale? Cette convention accessoire, qui détermine d'avance les dommages-intérêts en cas d'inexécution, ne saurait empêcher les différents modes d'extinction de l'obligation principale.

La compensation peut-elle avoir lieu entre deux obligations de faire ? Quelques auteurs ont répondu négativement, se fondant sur les termes mêmes de l'art. 1291, qui semble bien exclure ces obligations, puisqu'il déclare que l'objet des deux dettes doit être une somme d'argent ou une certaine quantité de choses fongibles de même espèce.

Nous n'acceptons pas cette opinion ; selon nous, les

obligations de faire peuvent aussi être opposées en compensation, à la condition toutefois que l'objet des deux obligations soit identique ; exemple : Je me suis engagé à vous faire construire une maison dans telles et telles conditions; vous devenez l'héritier d'une personne qui était liée envers moi par un engagement pareil : la compensation doit avoir lieu.

Le dernier § de l'art. 1291 apporte une exception à cette première condition de la compensation, en décidant que les prestations en grains ou denrées non contestées, et dont le prix est réglé par les mercuriales, peuvent se compenser avec des sommes d'argent liquides et exigibles.

Ainsi, prenons une espèce : Primus doit à Secundus dix hectolitres de vin, mais ce dernier lui doit 250 fr.; le vin, au dernier marché, s'est vendu 25 fr. l'hectolitre. La loi dit à Primus : Vous êtes créancier de Secundus pour la somme de 250 fr., mais vous lui devez dix hectolitres de vin qui, au prix de 25 fr., représentent pareille somme : vos deux créances sont éteintes par compensation.

Remarquons qu'aux termes mêmes de l'art. 1291, § 2, cette exception ne reçoit son application que lorsque trois conditions sont réunies :

1° Il faut que la dette qui se trouve en présence d'une dette d'argent ait pour objet des *prestations en grains ou denrées*.

Par le mot *prestations*, la loi entend-elle parler de toutes dettes de denrées, ou seulement des redevances périodiques ?

D'après quelques auteurs, il ne s'agirait que des redevances périodiques, par exemple des prestations en nature auxquelles un fermier serait astreint chaque année pour l'acquittement de son obligation : la dette de ce dernier se compenserait avec une dette d'argent dont le propriétaire serait tenu envers lui.

Cette opinion est rejetée avec raison par la plupart des auteurs.

Le mot prestation n'a pas ici la signification spéciale de redevance annuelle et périodique, il a un sens plus large et comprend toute dette quelconque de denrées. Pourquoi le fermier serait-il autrement traité qu'un débiteur en général ? Ajoutons que l'exception du § 2 de l'art. 1291 existait dans l'ancien Droit et qu'elle n'était nullement restreinte aux prestations périodiques.

2° Il faut que les prestations en grains ou denrées soient *non contestées.*

Si l'on prenait ces derniers mots à la lettre, il en résulterait qu'une contestation quelconque de la part du débiteur mettrait obstacle à la compensation. Mais ce n'est pas ce que la loi a voulu dire : les mots *non contestés* doivent être remplacés par les mots non contestables, qui manifestent plus nettement l'intention du législateur, et qui signifient qu'aucune difficulté ne doit se révéler, ni sur l'existence de la dette ni sur la quantité de denrées à fournir.

3° Le prix des denrées doit être réglé par les *mercuriales*, c'est-à-dire par des registres sur lesquels les maires des communes constatent officiellement le cours de ces denrées dans les marchés.

Sur quoi est basée cette exception ? Le seul motif qu'on peut donner pour la justifier, c'est la facilité avec laquelle chacune des parties peut transformer en argent une marchandise dont le cours est fixé par les mercuriales, et réciproquement se procurer cette marchandise avec une somme d'argent. Remarquons que c'est là une justification incomplète, attendu que les parties seront obligées de se déplacer le plus souvent, de perdre un temps précieux, et d'être exposées à des frais qu'elles n'avaient pas prévus, pour se procurer ce qu'elles pensaient recevoir ; de sorte qu'en réalité chacune d'elles reçoit moins qu'il ne lui était dû.

Si nous nous plaçons au point de vue des principes du droit, cette exception du § 2 de l'art. 1291 nous paraît devoir être l'objet d'une juste critique, car elle constitue une double violation de l'art. 1243, aux termes duquel un créancier ne saurait être forcé de recevoir autre chose que ce qui lui est dû. La compensation repose sur la fiction d'un double paiement : elle ne doit donc être admise que tout autant que le paiement peut avoir lieu en réalité. De plus, il est un principe qui domine notre matière : c'est qu'il faut tenir compte de l'intérêt commun des parties et de leur intention commune, et qu'à leur défaut, la compensation ne peut s'opérer. Ce principe ici est méconnu : En contractant, Primus avait l'intention de recevoir plus tard une somme d'argent, et Secundus du vin. Ils sont tous les deux trompés dans leur attente ; et cependant il ne leur était pas indifférent de recevoir une chose ou l'autre. Primus avait peut-être compté sur cette somme pour désintéresser un créancier qui le pressait ; et de même Secundus, pour un motif quelconque, sur le vin qui lui était dû.

Dans l'exception qui nous occupe, la loi met en présence, d'un côté une dette d'argent, de l'autre une dette de denrées. Faut-il admettre aussi la compensation dans le cas ou les deux dettes ont pour objet des denrées ?

MM. Marcadé et Desjardins donnent une solution affirmative, en raisonnant ainsi. Une denrée est égale à une somme d'argent lorsque son prix est constaté dans le tableau des mercuriales ; donc deux denrées même de nature différente sont, dans la même hypothèse, égales l'une à l'autre, en vertu de cet adage : deux quantités égales à une troisième sont égales entre elles.

C'est là un raisonnement tout à fait mathématique ; mais nous ne croyons pas qu'il ait une grande valeur juridique. La loi pose un principe : la compensation n'est admise que si les deux dettes sont identiques dans leur objet. Elle apporte une exception à ce principe, mais pour un cas seulement : celui où il s'agit de compenser une dette de denrées dont le prix est réglé par les mercuriales, avec une créance de somme d'argent. Les exceptions étant de droit étroit, on ne saurait les étendre sans aller au-delà des prévisions du législateur.

Nous avons vu combien il était illogique de contraindre un créancier à recevoir autre chose que ce qui lui était dû, alors même que le législateur avait formellement exprimé sa volonté à cet égard. Comment pouvons-nous étendre au cas dont il s'agit, alors qu'aucun texte ne nous y force, une solution que nous avons justement blâmée ?

Il faut, en outre, remarquer que nous n'avons plus ici les mêmes motifs de décider qui se trouvent dans le cas prévu par l'article 1291 *in fine*. Le créancier à qui je dois du vin, et qui est mon débiteur d'une somme d'argent, pourra se procurer facilement le vin qui lui est dû, en employant la somme qu'il conserve entre ses mains ; si au contraire il me doit du blé et que la compensation se produit, il faudra, pour se procurer le vin que je lui dois, qu'il transforme en argent la denrée dont il est mon débiteur, et ensuite qu'il achète celle que je ne lui ai pas fournie. Dans le premier cas, il y avait une seule opération à faire, un achat ; dans le second, il devra recourir à une vente et à un achat, c'est-à-dire à deux opérations distinctes.

Cette double opération constitue pour les parties une aggravation qu'il nous semble impossible de leur imposer, en dehors du texte de la loi.

Certains jurisconsultes ont cru voir dans l'art. 129 (C. de Proc.) une dérogation à l'art. 1291. L'art. 129 (C. de Proc.) est ainsi conçu : « Les jugements qui condamneront à une restitution de fruits, ordonneront qu'elle sera faite *en nature* pour la dernière année et, pour les années précédentes, suivant les mercuriales du marché le plus voisin, eu égard aux saisons et aux prix communs de l'année ; sinon à dire d'experts, à défaut de mercuriales. Si la restitution en nature pour la dernière année est impossible, elle se fera comme pour les années précédentes. »

On a dit que cet article, exigeant une restitution de fruits en nature pour la dernière année, exclut la compensation, lors même que ces fruits seraient des denrées dont le prix se trouve fixé par les mercuriales. Toutefois il est évident que cet article est étranger à la compensation. Il prévoit l'hypothèse particulière du possesseur condamné à une restitution de fruits, et nous indique de quelle manière doit se faire la restitution : elle se fait en nature pour les fruits de la dernière année, en argent pour les fruits des années précédentes. Mais cet article s'occupe-t-il de savoir comment la dette consistant en denrées pour la dernière année, ou en argent pour les autres années, pourra s'éteindre ? Certainement non ; et de même que le paiement, la novation peuvent éteindre la dette, de même la compensation produira son effet extinctif ordinaire.

Les art. 129 et 1291 ayant trait à deux hypothèses tout à fait différentes, il est impossible de voir dans le premier une dérogation apportée au principe qui est posé dans le second.

La compensation ne saurait s'établir dans le cas où elle aurait pour effet d'annuler le contrat même qui a donné naissance aux deux obligations. Ainsi, Primus vend à Secundus vingt-cinq hectolitres de blé livrables à terme ; le jour de la livraison, Primus ne pourra alléguer que les deux obligations se balancent et se détruisent, en vertu de l'art. 1291, § 2. La logique et le bon sens interdisent la compensation entre deux dettes dont l'une est la cause de l'autre.

Remarquons que la compensation dont parle le second paragraphe de l'art. 1291 est une compensation *légale*, malgré les expressions du texte : *peuvent se compenser*. Ces mots signifient seulement que la différence des objets des deux dettes ne la rend pas impossible. Le Code ne s'est pas occupé de la compensation facultative.

SECONDE CONDITION.

Les deux dettes doivent être liquides.

Une dette est liquide quand on sait d'une manière certaine qu'elle existe, et quelle est sa quotité.

Certains auteurs ont fait remarquer que cette condition de liquidité était une inconséquence dans un système de compensation légale. Pour n'être pas liquide, a-t-on dit, une dette n'en existe pas moins, et, dès l'instant que la seule coexistence des dettes suffit pour les éteindre, même à l'insu des débiteurs, qu'importe qu'elles soient, ou non, liquides devant le juge ? Parfaitement logique dans le système d'une compensation judiciaire, comme à Rome, où elle a pour but d'empêcher un plaideur de mauvaise foi d'échapper à une condamnation imminente en opposant, en compensation d'une dette certaine, une créance d'une discussion longue et difficile, elle ne s'explique pas là où la compensation a lieu par la seule force de la loi. La liquidité ou la non-liquidité n'est qu'une circonstance tout extérieure, qui n'a d'intérêt qu'au point de vue de la procédure, et par conséquent n'a de sens que là où la compensation est l'œuvre du juge. (M. Lair, pag. 213.) Nous reconnaissons toute la justesse du reproche adressé au législateur. Qu'importait, en effet, que l'existence de la dette ne fût pas certaine, que la quotité ne fût pas déterminée, puisque aujourd'hui il n'est pas nécessaire que les parties aient connaissance de la dette, et qu'aux termes de l'art. 1290 la compensation s'opère même à l'insu des débiteurs ?

Cependant la condition de liquidité n'est pas dénuée de fondement. On comprend jusqu'à un certain point que la règle romaine, passée dans la tradition, soit entrée dans la législation moderne appuyée sur des considérations autres que celles qui avaient inspiré la constitution de Justinien. Aux yeux de la loi, la compensation est un paiement fictif ; dès-lors, on peut ne pas réputer ce paiement accompli de plein droit, lorsque l'un des deux débiteurs peut légitimement gagner du temps avant de s'acquitter de son obligation ; autrement, le paiement de la dette liquide se trouverait retardé jusqu'à la liquidation de la dette à laquelle cette qualité ferait défaut; une créance pure et simple se trouverait ainsi dégénérée en une créance à terme. Le créancier de la dette liquide verrait alors reculer l'époque de son paiement, sous prétexte que son débiteur est en même temps son créancier.

Cette explication justifie le Code civil du reproche d'inconséquence, mais elle le fait retomber sur la jurisprudence, qui, comme nous le verrons, admet en compensation les créances facilement liquidables. La liquidation a beau être aisée, tant qu'elle n'est pas faite, le débiteur ne paie pas réellement.

Deux éléments constituent la condition de liquidité : la certitude de l'existence de la dette et la détermination de sa quotité.

Nous allons examiner chacun de ces deux éléments.

Il faut d'abord que la dette soit certaine dans son existence, et qu'on puisse à première vue savoir *an debeatur*.

Les doutes peuvent porter, soit sur le droit, par exemple quand la légalité de la créance est contestée ; soit sur le fait, par exemple quand le demandeur appuie sa prétention sur un acte sous-seing privé qui n'est pas reconnu (Cass. 1er mai 1828) ; soit sur la validité de l'obligation (Cass. 17 mars 1813).

La loi n'exige pas toutefois que les dettes soient également reconnues par les parties : une dette ne cesse pas d'être liquide par cela seul qu'elle est contestée ; l'une des parties ne peut évidemment, par une simple dénégation, se soustraire aux effets de la compensation légale ; il faut une contestation sérieuse qui rende la dette vraiment litigieuse ; ce sera au juge à apprécier. Dans son rapport au tribunal, M. Jaubert disait : « Prenons garde que la loi ne dit pas : *également reconnues par les deux parties.* Car si l'une des deux parties se permettait de faire une mauvaise contestation et de soutenir, contre toute évidence, qu'elle n'est pas débitrice, si le juge voyait clairement que la dette fût certaine, il ne pourrait s'empêcher de déclarer la compensation. Lors donc que la loi exige que les deux dettes soient également liquides, elle n'a entendu exclure que celles qui pouvaient donner lieu à des discussions : par exemple, si un compte non arrêté était opposé en compensation à un titre. »

La compensation ne s'en opère pas moins par la seule force de la loi, lorsque la preuve de l'existence de la dette n'est pas actuellement produite, si elle peut être produite facilement et sans retard.

On peut dire d'une façon générale que, dès qu'une créance ne peut être établie sans instruction, elle n'est pas liquide et ne peut être l'objet que d'une demande reconventionnelle.

Il faut ensuite que la quotité de la dette soit déterminée, que l'on puisse voir immédiatement *quantum debeatur*.

On ne saurait considérer comme liquide la dette qui dépend d'un règlement de compte. Ainsi, les dettes résultant de la tutelle, de la gestion d'affaires, ne sont liquides qu'au moment où le compte est arrêté. Cependant la nécessité d'un compte n'exclut pas toujours la liquidité, par exemple dans le cas où il n'y a pas de contestation sur le chiffre de chacun des éléments du compte à établir, car il suffit alors d'une simple opération d'arithmétique pour la déterminer.

Les versements réciproques et successifs dont l'ensemble d'un compte courant se compose, ne sauraient être, au point de vue de la compensation, considérés comme liquides.

En effet, lorsque les parties se mettent en compte courant, elles conviennent de se donner réciproquement crédit des valeurs qu'elles se remettent, sauf à faire, lors de la clôture, un règlement sur la masse entière du crédit et du débit ; en sorte que, comme a dit M. Larombière (tom. III, art. 1291, n° 19), il n'y a qu'un compte toujours ouvert et dans lequel tout se confond ; il n'y aura de liquidité et d'exigibilité qu'après le règlement définitif, et encore ne s'appliqueront-elles qu'au compte de solde.

Ces principes sont aujourd'hui adoptés par la jurisprudence. La Cour de Cassation, qui avait admis les compensations partielles dans un arrêt du 3 avril 1839, est revenue sur sa doctrine dans un arrêt à la date du 11 décembre 1848, et a consacré sa nouvelle théorie dans un arrêt du 17 janvier 1849.

Faut-il que la quotité de la dette soit déterminée en *argent?* Il le semblerait, puisque c'est seulement par exception que la loi a admis la compensation avec les sommes liquides des denrées dont le prix est réglé par les mercuriales. Mais le mot liquide ne doit pas être pris dans un sens trop étroit. Ce n'est pas en réalité au principe de la liquidité que la loi a dérogé par cette exception, mais à ce principe qu'il n'y a de compensation légale qu'entre quantités liquides de la *même nature* Lair, pag. 216). Elle considère comme *liquides en argent* et déclare compensables avec de l'argent les denrées dont le prix est réglé par les mercuriales, bien qu'il n'y ait point là deux quantités de même espèce, à cause de la facilité avec laquelle on peut alors avoir le prix des denrées en argent, et par suite imputer une dette sur l'autre. Mais deux dettes de quantités de même nature peuvent évidemment être liquides, alors même que le prix n'en serait pas réglé par les mercuriales : Nous nous devons un certain nombre d'exemplaires du même livre ; quoique les dettes portent sur des quantités qui ne soient pas cotées aux mercuriales, elles se compenseront de plein droit.

Cette condition de liquidité peut entraîner souvent de rigoureuses conséquences. Ainsi, je suis votre débiteur d'une somme de cent francs ; mais, d'un autre côté, je suis votre créancier à raison des dommages que vous avez causés à ma propriété : ma dette étant liquide, je dois commencer par payer, je ferai estimer les dommages ensuite.

Mais si vous êtes insolvable, après vous avoir désintéressé, je perdrai le bénéfice de ma propre créance.

C'est en considération de ce résultat inique que la Cour de Cassation, dans plusieurs arrêts, a décidé que la compensation aurait lieu dans le cas même où la la dette ne serait pas actuellement liquide, si elle était facilement et promptement liquidable.

Cette solution, reconnaissons-le, a pour elle la justice et l'équité, mais elle n'est conforme ni au texte de la loi ni aux travaux préparatoires.

L'art. 1291 exige que les deux dettes soient liquides et ne se contente pas d'une liquidation facile.

De même, les travaux préparatoires du Code s'opposent formellement à une pareille extension. Au Conseil d'État, M. de Maleville proposait « d'étendre l'art. 1291 aux créances faciles à liquider, alléguant que si la créance était incontestable, et que pour en fixer le montant précis il ne fallût plus qu'une estimation qui pût se faire sans difficulté, il serait injuste d'obliger le créancier à payer ce qu'il a dû à son débiteur, quoiqu'on fût bien convaincu qu'il ne lui devait plus rien. » (Locré, *Législat. civ.*, tom. XII). Ce que proposait M. de Maleville n'était rien moins qu'un retour au système d'une compensation judiciaire. Aussi MM. Bigot de Préameneu et Treilhard répondirent que cette proposition était conforme aux usages des pays de Droit écrit, mais qu'il était difficile de la concilier avec le principe qui veut que la compensation s'opère de plein droit et à l'insu du débiteur. On ne s'était pas aperçu que l'exigence de la liquidité même était peu conciliable avec ce principe. Il fut ajouté que, dans les circonstances prévues par M. de Maleville, le juge accorderait un délai pour le paiement et donnerait ainsi au débiteur le temps de faire liquider sa créance. Il ne s'agit ici, comme on le voit, que d'une compensation judiciaire et non de la compensation légale, comme l'admet la jurisprudence.

C'est par application de la théorie qu'elle a admise, que la Cour de Cassation a décidé que la créance d'un médecin pour ses visites serait considérée comme liquide lorsque, étant reconnue au fond, la quotité ne devait être déterminée sans autre retard que celui du règlement du mémoire par un jury médical (3 février 1819).

La Cour de Dijon a également déclaré que l'avocat pouvait opposer en compensation ce qu'il estimait lui être dû pour honoraires, sans être tenu au préalable d'en faire opérer le règlement par la chambre de discipline (24 janvier 1842).

Mais un arrêt de la Cour d'Orléans, à la date du 2 juillet 1853, confirmé par la Cour de Cassation le 18 avril 1854, a décidé que les frais d'actes dus à un notaire ne se compensent pas de plein droit, tant qu'ils ne sont pas taxés, avec les sommes qu'il doit lui-même à son client.

En matière de liquidité, la doctrine de la Cour de Cassation reconnaît au juge un pouvoir discrétionnaire. C'est à ce dernier d'apprécier si la créance est facilement liquidable ou non.

Ce pouvoir d'appréciation donné au juge s'exerce avec plus ou moins de latitude, suivant les circonstances, et surtout suivant le titre dont le créancier est muni.

Le créancier auquel la compensation est opposée agit-il en vertu d'un titre exécutoire non contesté : le juge, généralement, ne doit point suspendre les poursuites, sous le prétexte d'une compensation qu'il ne peut pas immédiatement reconnaître et déclarer.

Le paiement d'une lettre de change pourra être moins facilement retardé que celui d'un simple billet, car il peut y avoir plusieurs personnes intéressées à l'acquittement de ce titre au jour fixé. Il importe aussi d'assurer le crédit par la prompte et rigoureuse exécution des engagements qui ont été pris ; il est du reste un texte formel, l'art. 157 du Code de commerce, qui défend aux juges, dans ce cas, d'accorder des délais.

TROISIÈME CONDITION.

Les deux créances doivent être exigibles.

On dit qu'une créance est exigible quand on peut en demander le paiement.

La nécessité de l'exigibilité des deux dettes est encore une conséquence de l'assimilation de la compensation au paiement ; de même qu'un débiteur ne peut être tenu de payer avant le terme, de même il ne peut être tenu de compenser. Si je dois mille francs à Paul en vertu d'un prêt, mais que l'échéance de cette dette ne doive arriver que dans un an, et si ce même Paul devient l'héritier de Pierre qui m'a légué mille francs purement et simplement, il serait injuste que nos dettes fussent éteintes par la compensation, car je serais ainsi forcé de faire un paiement immédiat, tandis que, d'après notre convention, je n'aurais pu être contraint que dans une année. Admettre la compensation, ce serait rendre l'obligation qui est à ma charge plus onéreuse ; chose tout à fait contraire à la logique et à l'équité.

Ce que nous disons s'entend du terme de droit. Quant au terme de grâce, l'art. 1292 dit qu'il n'est point un obstacle à la compensation. Le Code civil, à cet égard, n'a fait que reproduire la disposition du Droit romain (L. XVI, D. *De comp.*). On comprend parfaitement que le terme de grâce cesse du jour où les motifs qui l'ont fait accorder n'existent plus. Celui qui a obtenu de l'humanité des juges un terme pour s'acquitter, et cela uniquement parce qu'il ne pouvait pas payer de suite, n'a plus droit à cette faveur, s'il lui est possible de se libérer ; or, ici, il a pour cela un moyen bien facile, c'est de laisser la compensation se produire.

Si le terme est un obstacle à la compensation, à plus forte raison en est-il de même de la condition suspensive qui rend l'existence même de l'obligation incertaine. C'est d'après ce principe qu'il a été jugé que des traites acceptées à découvert ne deviennent, entre les mains de l'accepteur, des titres de créance contre le tireur qu'autant que l'accepteur les a *payées* en l'acquit du débiteur; que jusque-là elles ne constituent que des promesses de paiement qui ne peuvent donner lieu à aucune action en remboursement de la part de l'accepteur contre le tireur, *ni former en faveur de l'accepteur une créance exigible qui puisse faire la matière d'une compensation qui est un véritable paiement* (Cass. 20 décembre 1837).

De même, il a été décidé que le jugement qui, en autorisant un tiers saisi à déposer les sommes dont il est débiteur, lui permet en même temps de prélever celles dont il est personnellement créancier, mais à la charge de rapport ultérieur et de répartition au marc le franc, s'il y a lieu, et sous l'obligation de donner caution, n'emporte pas compensation légale de la créance du tiers saisi avec sa dette (Cass. 28 février 1842).

De même, il a été rendu par jugement que, dans le cas où un légataire universel est tenu de payer à son décès certaines sommes à des légataires particuliers, elles ne se compensent pas, de son vivant, avec une dette dont ces légataires particuliers seraient tenus envers lui, l'exigibilité de ces sommes étant subordonnée à la condition que ceux qui les doivent recevoir survivront à celui qui doit les payer (Trib. de la Seine 3 janvier 1857, et Cass. 21 janvier 1858).

Quant aux dettes sous condition résolutoire, elles peuvent entrer en compensation ; elles existent en effet, et leur paiement peut en être exigé. Sans doute la résolution est subordonnée à l'événement d'une condition, et la condition se réalisant pourra anéantir la dette ; dans lequel cas la compensation sera rétroactivement éteinte, mais elle n'en aura pas moins eu lieu, car elle n'est pas autre chose qu'un paiement, et le créancier d'une dette résolutoire peut certainement exiger la prestation qui lui est due.

Ce qui est *in facultate solutionis* ne peut être l'objet d'une action. Ainsi, le remboursement d'une rente constituée est facultatif de la part du débiteur : le créancier ne peut l'exiger ; la compensation ne saurait s'opérer entre une dette dont il serait tenu et le principal de la rente, que si le débiteur qui doit servir des arrérages veut rembourser et compenser (Caen 8 août 1844). Encore faut-il que le délai pour lequel les parties ont suspendu la faculté de rachat soit expiré, et que le remboursement par compensation ou par paiement soit intégral.

Le créancier ne peut exiger le paiement quand son droit est dépourvu d'action. Par conséquent, les obligations naturelles ne sont pas susceptibles de compensation. Telles sont, par exemple : les obligations pour lesquelles l'autorité de la chose jugée, le serment décisoire, ou toute autre exception péremptoire, rendra sans effet l'action du créancier ; telles sont encore les obligations formées par des personnes civilement incapables et qui ont obtenu l'annulation.

Il faut adopter la même solution pour les obligations que le Code déclare dépourvues d'action. Telles sont les dettes de jeu et de pari (1965).

Ces obligations ne sont pas d'ailleurs des obligations naturelles proprement dites, car elles ne peuvent être cautionnées, tandis que les obligations naturelles peuvent l'être. Quant à la disposition de l'art. 1967, qui ne permet pas la répétition lorsqu'elles ont été volontairement acquittées, elle a son fondement dans la maxime : *In pari causa melior est causa possidentis.*

Mais il faut admettre la compensation pour les dettes énoncées dans l'art. 1966, puisque leur paiement peut être exigé.

Une difficulté peut s'élever à l'égard du failli auquel ses créanciers ont consenti un concordat. Lorsqu'il a payé les dividendes qu'il a promis, les créanciers ne peuvent le poursuivre pour qu'il complète le paiement, lors même qu'il reviendrait à meilleure fortune ; mais s'il paie ce complément, il ne pourra ensuite répéter. Cette obligation naturelle a ceci de spécial, qu'elle est sanctionnée d'une manière toute particulière : le failli ne peut être réhabilité que s'il paie la totalité de ses dettes—principal, intérêts, escompte (art. 604, C. de com.). Cela suffit, dit-on, pour rendre cette dette compensable.

Mais il nous paraît plus juridique de dire que cette dette, comme une vraie dette naturelle, ne pourra entrer en compensation, car le créancier ne peut forcer le failli de mériter sa réhabilitation ; il ne peut le contraindre à payer ce complément : donc la compensation doit être interdite.

La compensation se produit-elle lorsque l'une des obligations est sujette à annulation ou à rescision ?

La plupart des auteurs répondent négativement, pour ce motif que de pareilles dettes ne sont pas efficacement exigibles, le débiteur étant protégé par une exception péremptoire. Ils reproduisent la règle romaine : *quæcumque per exceptionem perimi possunt, in compensationem non veniunt.*

Cette solution ne nous paraît pas exacte, et l'opinion contraire, adoptée par M. Demolombe (tom. V, pag. 405), nous semble préférable. Le motif qu'on fait valoir est plutôt historique que juridique. Selon nous, une dette annulable peut entrer en compensation, car elle existe légalement tant que la nullité n'a pas été prononcée. Si le débiteur n'agit pas dans le délai utile, la compensation reste irrévocable ; s'il agit et gagne le procès, il est censé n'avoir jamais été débiteur, et la compensation est rétroactivement anéantie.

Nous admettons la même solution pour la dette qui est prescrite.

Une dette ne s'éteint pas de plein droit par le seul fait de l'accomplissement de la prescription ; il faut que le débiteur oppose cette dernière, s'il entend s'en prévaloir ; s'il ne l'oppose pas, la dette est compensable. Mais si la prescription est opposée, la dette sera censée éteinte dès le jour de la prescription accomplie ; c'est-à-dire que, comme en cas de dette annulable, la compensation ne s'opérera que sous une condition résolutoire.

Aux termes de l'art. 444 du Code de commerce, le débiteur failli est privé du bénéfice du terme, et ses dettes deviennent exigibles.

Cette exigibilité résultant de la faillite du débiteur n'entraîne pas de compensation, car le jugement déclaratif, en même temps qu'il rend la dette exigible, annule tout paiement qui pourrait préjudicier aux droits acquis à la masse, droits qui se trouvent irrévocablement fixés : l'égalité doit désormais régner entre tous les créanciers chirographaires du failli, dont les biens se trouvent en quelque sorte saisis-arrêtés au profit de la masse. Or, par l'effet de la compensation, un des créanciers étant intégralement payé, il en résulterait à son profit un privilège qui n'est point écrit dans la loi. Cette solution s'applique aussi bien aux dettes civiles qu'aux dettes commerciales (art. 446, C. de com.).

Si la dette devient exigible par application de l'article 1188 du Code civil, le débiteur étant tombé en déconfiture ou ayant, par son fait, diminué les sûretés qu'il avait données par le contrat à son créancier, la compensation s'opère, mais non pas de plein droit : il faut, à cet effet, qu'un jugement intervienne. La loi n'a pas organisé la déconfiture comme la faillite ; la déconfiture n'est pas un état apparent, et la diminution des sûretés peut donner lieu à une instruction : le tribunal apprécie et décide en conséquence. La compensation, si elle a lieu, ne produira ses effets qu'à partir du jugement.

QUATRIÈME CONDITION.

Chacune des par ties doit être personnellement et principalement créancière et débitrice l'une de l'autre.

Aux termes de l'art. 1289, la compensation s'opère « lorsque deux personnes se trouvent débitrices l'une envers l'autre ». Il faut donc que la dette et la créance soient personnelles aux parties qui invoquent la compensation. Mais cette formule est-elle complète ? Non. Ainsi, la caution est bien débitrice de celui envers qui elle garantit un débiteur principal ; et cependant, si elle acquiert une créance contre lui, la compensation ne se produit point.

L'art. 1289 trouve son complément nécessaire dans l'art. 1294, d'après lequel il résulte que la créance et la dette doivent être non-seulement *personnelles*, mais encore *principales*.

Cette quatrième condition est commandée par la logique, comme le fait remarquer M. Demolombe (tom. V, *Obligations*, pag. 408) : « C'est par leur rencontre que les deux dettes s'entre-détruisent ; or cette rencontre ne peut avoir lieu qu'autant que les deux dettes se trouvent en quelque sorte sur le même plan et pour ainsi dire face à face ».

Nous trouvons dans les art. 1294 et 1295 de notre Code deux applications remarquables de la règle que nous avons posée.

Art. 1294. « La caution peut opposer la compensation de ce que le créancier doit au débiteur principal.

»Mais le débiteur principal ne peut opposer la compensation de ce que le créancier doit à la caution.

» Le débiteur solidaire ne peut pareillement opposer la compensation de ce que le créancier doit à son codébiteur. »

Le premier alinéa de cet article prévoit le cas le plus simple. La caution, est-il dit, peut opposer la compensation de ce que le créancier doit au débiteur principal.

Il n'y a pas ici, comme on l'a soutenu, une exception à la règle qui exige la personnalité des deux dettes ; c'est au contraire l'application directe de cette règle. La compensation, en effet, ne s'opère pas entre le créancier et la caution, elle a lieu entre le créancier et le débiteur principal. Par le seul fait que ces derniers se sont trouvés à la fois créanciers et débiteurs l'un de l'autre, leurs dettes se sont éteintes de plein droit, par la seule force de la loi (art. 1290). Avec elles, leurs *accessoires* tombent et l'engagement des cautions s'évanouit, car il est de principe que l'accessoire suit le sort du principal. La caution peut donc se prévaloir de la compensation, qu'elle n'oppose pas de son chef, mais du chef du débiteur principal.

L'art. 1294, premier aliéna, n'est qu'une application du principe général posé dans l'art. 2036, au titre du Cautionnement : « La caution peut opposer au créancier toutes les exceptions qui appartiennent au débiteur principal et qui sont inhérentes à la dette. »

Mais si la caution peut opposer la compensation de ce que le créancier doit au débiteur principal, la réciproque n'est pas vraie, et le débiteur principal ne peut pas opposer la compensation de ce que le créancier doit à la caution. C'est ce qui résulte du second alinéa de l'art. 1294. La compensation ne s'est pas accomplie par la volonté de la loi.

Cette décision se justifie parfaitement, même sous le régime de la compensation légale.

Prenons un exemple. Je dois mille francs à Primus, lequel est débiteur de la même somme envers Secundus, qui a cautionné ma dette. Puis-je, moi, débiteur principal, opposer à Primus qui me poursuit la créance de Secundus? Nullement. En effet, le paiement ne peut être exigé de la caution avant discussion du débiteur principal. Or, la compensation serait un paiement forcé ; elle changerait la situation de la caution en la privant de la chance de n'être pas poursuivie. On peut en outre faire remarquer, comme M. Demolombe, que la dette de la caution n'est pas exigible tant que le créancier ne s'est pas adressé au débiteur principal pour obtenir de lui son paiement ; si elle n'est pas exigible, elle n'est pas compensable.

Supposons que le créancier, après avoir discuté préalablement les biens du débiteur, poursuive la caution ; cette dernière pourra-t-elle opposer en compensation sa propre créance? Oui évidemment. En effet, qui compense paie. Mais il est à remarquer que ce sera là une compensation facultative qui n'aura d'effet que du moment où elle sera opposée. Elle n'en opérera pas moins l'extinction de la dette principale, et, à partir de ce moment, le débiteur principal lui-même pourra s'en prévaloir. Ajoutons que si la caution, devenue créancière du créancier, poursuit ce dernier, la compensation ne pourra pas lui être opposée, car, dans l'espèce, les deux plaideurs ne sont pas personnellement et principalement débiteurs l'un de l'autre.

Les mêmes principes sont applicables lorsqu'il existe plusieurs cautions. D'où il suit :

1° Que l'une des cautions ne peut pas opposer la compensation de ce que le créancier doit à l'autre caution ;

2° Qu'elle peut se prévaloir de cette compensation lorsque la caution créancière l'a elle-même opposée.

De même que la caution se trouve libérée par la compensation qui s'opère entre le débiteur principal et le créancier, de même, en vertu du même principe, il faudrait décider que le débiteur solidaire sera libéré par la compensation survenue entre le créancier et son codébiteur. Mais la loi prononce une solution contraire dans le dernier alinéa de l'art. 1294 : « Le débiteur solidaire ne peut pareillement opposer la compensation de ce que le créancier doit à son codébiteur ».

Cette disposition, que le projet primitif ne contenait pas, fut ajoutée sur les observations du Tribunat. Elle était basée sur la crainte d'une source de procès sans nombre. « Il faudrait, a-t-on dit, examiner les relations qui existeraient entre les codébiteurs, en tenir compte, ce qui forcerait chacun de ces débiteurs à s'immiscer dans les affaires de l'autre ». On a voulu éviter, par cette addition, que le débiteur solidaire qui n'est point poursuivi, et qui est lui-même créancier du créancier poursuivant, ne fût engagé dans des procès désagréables sur l'existence de sa prétendue créance.

La disposition du dernier alinéa de l'art. 1294 est la reproduction des principes de l'ancien Droit, selon lesquels elle avait été admise, sur une fausse interprétation du Droit romain. D'après la loi 10 au Digeste *De duobus reis*, le *correus* poursuivi ne pouvait invoquer la créance de son coobligé s'il n'y avait pas société entre eux : « *si duo rei promittendi socii non sint* ». Mais il n'est pas douteux qu'il le pût au cas de société. Si donc on avait véritablement suivi la règle du Droit romain, comme aujourd'hui en matière d'obligations solidaires la société est de droit, il aurait fallu dire que le débiteur solidaire pouvait opposer la compensation du chef de son codébiteur. Cette décision aurait été logique ; elle concorderait avec l'art. 1290, d'après lequel la dette du créancier et celle du débiteur solidaire sont éteintes de de plein droit dès qu'elles coexistent. Pourquoi ne pas permettre au codébiteur de se prévaloir de cette extinction ? Pourquoi, en d'autres termes, ne pas assimiler ici les effets du paiement fictif à ceux du paiement réel, et ne pas laisser au codébiteur la liberté d'invoquer l'un comme l'autre pour éluder les poursuites ?

Si d'ailleurs le motif spécieux mis en avant par le Tribunat était vrai pour le débiteur solidaire, il ne l'était pas moins pour la caution, et il était peu rationnel d'accorder à celle-ci ce qu'on refusait à celui-là.

Il est un autre motif plus vrai que celui du Tribunat qui peut expliquer la disposition dont il s'agit et justifier la décision de la loi, quoiqu'elle soit, comme nous l'avons constaté, en complète antinomie avec l'art. 1290. Ce motif repose sur le principe de la solidarité. Lorsque plusieurs individus se sont engagés solidairement, le créancier a voulu faire de chacun d'eux son propre débiteur, et ils ont accepté ce titre. Dès-lors, vis-à-vis du créancier, chacun se trouve, comme s'il était débiteur unique, exposé à payer la totalité, sauf son recours ultérieur contre les autres. Or cette égalité de situation serait rompue dès que l'un des codébiteurs deviendrait créancier du créancier; ce serait désormais fatalement sur lui que pèserait la nécessité de faire l'avance. En vertu de la disposition de l'art. 1294, l'égalité de situation et de chances que la solidarité fait aux obligés est maintenue : c'est le créancier qui choisira son débiteur.

Cette raison, tirée des principes de la solidarité, nous sert également à expliquer la distinction que l'art. 1294 fait entre la caution et le débiteur solidaire. Ce dernier est un débiteur propre du créancier, mais la caution est un débiteur *accessoire*; son engagement s'évanouit nécessairement lorsque le débiteur principal a payé, soit effectivement, soit par voie de compensation.

Certains auteurs ont cherché à tempérer la disposition relative au débiteur solidaire en admettant, comme le faisaient Domat et Pothier, que le codébiteur poursuivi peut toujours invoquer la compensation pour la part que doit supporter en définitive le codébiteur créancier. Ainsi Primus et Secundus doivent solidairement 20,000 fr.; Primus pourra alors invoquer la compensation pour 10,000 fr. A l'appui de cette opinion, on fait valoir que le codébiteur actionné est bien solidaire par rapport au créancier, mais que, relativement à ses codébiteurs et pour la part dont ceux-ci sont tenus dans la dette, il n'est pas autre chose qu'une caution. Or la caution peut, on le sait, invoquer la compensation qui s'est opérée du chef du débiteur principal ; donc, le codébiteur solidaire poursuivi peut invoquer la compensation née du chef de son codébiteur solidaire pour la part dont celui-ci est débiteur principal et dont lui-même n'est, par conséquent, que la caution.

Ce système est adopté par la majorité des auteurs, mais il ne nous parait pas admissible. En effet, tout codébiteur solidaire vis-à-vis du créancier doit le tout ; si donc l'un des codébiteurs devient créancier du créancier, ou la dette solidaire s'éteindra en entier comme par un paiement que tout codébiteur pourrait certainement invoquer, ou elle ne s'éteindra pas du tout. C'est dans ce dernier sens que s'est prononcé l'art. 1294. Mais il est essentiel de remarquer que la loi ne distingue pas : « Le débiteur solidaire ne peut opposer la compensation de ce que le créancier doit à son codébiteur ». Le texte est général ; il comprend aussi bien le cas de la compensation partielle que l'hypothèse de la compensation totale. Établir une distinction entre les deux cas, c'est, selon nous, créer un système nouveau, complètement étranger au système admis par le législateur. Cela paraît encore plus évident quand on réfléchit au motif sur lequel le Tribunat fondait cette disposition. Ce motif, bon ou mauvais, est le suivant : il y aurait inconvénient à permettre à l'un des codébiteurs de s'immiscer dans les affaires des autres. Or il s'applique au cas où l'on invoque la compensation pour partie, comme au cas où on l'invoque pour le tout.

Le débiteur solidaire, a-t-on dit, joue le rôle de caution à l'égard de son codébiteur, relativement à la part dont ce dernier est tenu dans la dette. Donc, pour cette part, il doit pouvoir opposer la compensation et jouir du bénéfice que l'art. 1294, premier alinéa, donne à la caution. Mais cette doctrine est loin d'être concluante.

Supposons, en effet, Primus et Secundus codébiteurs solidaires de Tertius, et l'engagement contracté dans l'intérêt unique de Primus. Si Secundus est actionné, nous devrons dire qu'il pourra opposer la compensation née du chef de Primus, pour la part que celui-ci doit supporter dans la dette ; et comme ici cette part comprend la totalité, la compensation pourra être opposée pour le tout ! Ce qui nous fait tomber dans une contradiction flagrante avec l'art. 1294 *in fine*.

On a objecté que le système que nous repoussons présentait l'avantage d'éviter un circuit d'actions. Si Secundus, poursuivi par le créancier, n'oppose pas la compensation pour la part que doit supporter Primus, il aura un recours contre lui pour moitié. D'un autre côté, Primus intentera une action contre le créancier commun, pour être payé de ce qui lui est dû. De cette série de recours, qu'en résulte-t-il ? dit-on. Perte de temps pour les parties, aussi bien que perte d'argent.

Nous répondrons que ce résultat ne serait pas évité, même en admettant la compensation pour partie ; sans doute, on diminuerait les recours de moitié, mais on ne les ferait pas disparaître complètement.

Nous venons d'exposer et d'étudier chacun des trois alinéas de l'art. 1294. Nous nous sommes trouvé en présence, tantôt d'une caution, tantôt d'un débiteur solidaire, et nous avons vu la différence des décisions données par la loi à ces deux hypothèses. Du rapprochement des dispositions de cet article naît une question très délicate et très discutée : La caution solidaire peut-elle opposer la compensation du chef du débiteur ? Doit-elle, comme la simple caution, jouir du bénéfice de l'art. 1294, premier alinéa, ou bien faut-il la traiter comme un débiteur solidaire ?

Ce qui fait la difficulté, c'est que l'engagement de la caution solidaire tient, par sa nature, à deux éléments bien distincts : le cautionnement et la solidarité. Lequel de ces deux éléments doit-il prévaloir au point de vue de la compensation ?

On a soutenu que la caution solidaire devait être assimilée au débiteur solidaire, et par suite tomber sous l'application de l'art. 1294 *in fine*. On se fonde d'abord sur un texte, l'art. 2021, au titre du Cautionnement, qui est ainsi conçu :

« La caution n'est obligée envers le créancier à le payer qu'à défaut du débiteur, qui doit être préalablement discuté dans ses biens, à moins que la caution n'ait renoncé au bénéfice de discussion, *ou à moins qu'elle ne se soit obligée solidairement avec le débiteur ; auquel cas l'effet de son engagement se règle par les principes qui ont été établis pour les dettes solidaires.* »

Ce texte, dit-on, résout à lui seul la question. Il déclare formellement que, lorsque la caution s'est engagée solidairement, elle est soumise aux règles de la solidarité ; or, parmi ces règles figure la disposition du troisième alinéa de l'art. 1294 ; l'application de cette disposition s'impose donc à la caution solidaire.

On ajoute ensuite qu'alors même que l'art. 2021 n'aurait pas été écrit, la solution devrait être la même : la caution, en s'obligeant solidairement, renonce à tous les avantages qui découlaient du titre de caution ; elle n'a plus le bénéfice de discussion ; elle n'a plus le bénéfice de division ; de même, elle ne peut plus se prévaloir de l'article 2036 pour opposer au créancier les exceptions appartenant au débiteur principal. Elle n'est plus, à l'égard du créancier, un débiteur accessoire, elle est un véritable débiteur solidaire. Elle ne reprend son caractère de caution que dans ses rapports avec le débiteur principal, et alors, à ce point de vue, elle se distingue d'un débiteur solidaire en ce sens que ce dernier, après avoir payé le créancier pour le tout, s'il veut recourir contre son codébiteur pour le tout, doit prouver que la dette concernait pour le tout son codébiteur, tandis que la caution solidaire est dispensée de cette preuve.

Telle est la doctrine enseignée par Duranton, Valette, Marcadé et Lair.

Nous ne croyons pas devoir l'accepter et pensons que la caution, même solidaire, pourra opposer la compensation du chef du débiteur principal. C'est à tort qu'on invoque l'art. 2021, et qu'on en tire une règle générale. Cet article doit être entendu *secundum subjectam materiam*. La décision qu'il renferme ne sert qu'à retirer à la caution solidaire le bénéfice de discussion et se limite à une question de poursuite. Il nous semble résulter d'une lecture attentive de ce texte, simplement ceci : que la caution n'aura plus le bénéfice de discussion lorsqu'elle y aura renoncé, soit expressément, soit tacitement, ainsi, en s'obligeant solidairement.

A nos yeux, la caution solidaire n'est qu'un débiteur *accessoire*; c'est toujours une caution, même à l'égard du créancier. Sans doute elle a renoncé au bénéfice de discussion, comme le dit l'art. 2021 ; sans doute elle n'a plus le bénéfice de division, comme cela ressort de l'art. 2026; mais ses autres avantages sont maintenus, parce qu'aucun texte ne l'en prive, et parce qu'une renonciation à un droit ne se présume point. Elle pourra donc, comme la caution simple, faire valoir, en vertu de l'art. 2036, les exceptions appartenant au débiteur principal ; elle pourra, du chef de ce dernier, opposer au créancier la compensation : le premier alinéa de l'art. 1294 lui est parfaitement applicable. Décider autrement, c'est faire une étrange confusion entre le débiteur solidaire et la caution solidaire, c'est méconnaître l'intention des parties et l'esprit de la loi qui pose séparément les règles de la solidarité et celles du cautionnement. Telle est l'opinion de MM. Aubry et Rau, Desjardins, Demolombe. C'est également en ce sens que se prononce la jurisprudence.

Nous avons étudié le cas de solidarité passive ; mais que faudra-t-il décider dans l'hypothèse de la solidarité active ? Primus et Secundus sont créanciers solidaires de Tertius pour la somme de mille francs. Tertius devient créancier de la même somme envers Primus ; s'il est poursuivi par Secundus, pourra-t-il lui opposer la compensation opérée entre lui et Primus ? L'affirmative nous paraît devoir être adoptée. En effet, quel est le contrat intervenu entre ces trois personnes ? Il a été convenu que Primus ou Secundus aura le droit d'exiger mille francs de Tertius, et que ce dernier sera libéré par le paiement fait à l'un ou à l'autre. Or la compensation produit les effets d'un véritable paiement; donc le débiteur peut soutenir avec raison qu'il ne doit plus rien.

Qu'on ne nous oppose pas l'art. 1294 *in fine !* Il y a dans ce texte, nous le savons, une disposition exceptionnelle qui est relative à la solidarité *passive* seulement. Pour la solidarité *active*, nous restons dans le droit commun ; nous devons donc appliquer l'art. 1290, et dire que la compensation est opposable pour la totalité de la dette.

L'art. 1294 ne renferme pas toutes les applications que peut comporter la règle de la personnalité directe et principale des deux dettes. Il est certains cas d'application que le législateur n'avait pas besoin de mentionner, parce qu'ils ne peuvent faire de doute pour personne.

Ainsi, il est évident que le débiteur ne peut pas opposer en compensation à son créancier ce que celui-ci doit à un tiers, car nul ne peut s'approprier la créance d'autrui ; et, de même, il ne peut opposer ce qui lui est dû à lui-même par un tiers.

Il faut de même décider que la partie condamnée aux dépens, avec distraction au profit de l'avoué adverse, ne peut opposer à celui-ci la compensation des sommes qui lui sont dues par l'autre partie.

Il n'y a pas lieu à compensation entre ce que doit le pupille et ce qui est dû au tuteur, simple administrateur de la fortune du pupille.

Mais il est certaines questions dont la solution présente de graves difficultés.

C'est ainsi que l'on s'est demandé si la compensation peut s'opérer entre les créances du mari contre un tiers et les dettes dont la femme est tenue envers ce tiers, et réciproquement si elle a lieu entre les dettes du mari et les créances de la femme envers la même personne. Pour résoudre cette question, il faut examiner quel est le régime matrimonial que les époux ont adopté.

Prenons d'abord l'hypothèse du régime de la communauté. Dans ce cas, la solution est facile : la compensation peut s'opérer, car, les créances et les dettes mobilières des deux époux tombant dans la communauté, les dettes et les créances de la femme deviennent les dettes et les créances du mari. Toutefois, nous savons que les dettes de la femme ne tombent en communauté que si elles ont date certaine antérieure au mariage (1410) ; ou si, ayant pris naissance pendant le mariage, elles ont été contractées avec l'autorisation du mari (1419). Si donc il s'agissait d'une dette contractée en violation de ces deux règles, le mari ne pouvant être contraint au paiement, la compensation ne saurait lui être opposée.

Si nous nous plaçons dans l'hypothèse où les deux époux sont mariés sous le régime dotal, nous devrons donner une solution tout opposée. Dans ce régime, en effet, le mari et la femme demeurent respectivement titulaires de leurs droits actifs et passifs, et par suite, si la femme est débitrice d'un tiers et que le mari en soit créancier, une des conditions requises pour que la compensation soit possible, manque ; dès lors, cette dernière ne peut s'opérer.

Toutefois, en ce qui concerne les créances dotales de la femme, la question est vivement controversée. On n'est pas d'accord sur le point de savoir si la dette du mari envers un tiers se compense avec la créance que la femme a contre le créancier de son mari. L'affirmative paraît prévaloir dans la jurisprudence.

«Considérant, porte un arrêt de la cour de Caen, que ce n'est pas comme mandataire de sa femme que le mari a le droit de recevoir les deniers dotaux, mais en vertu d'un titre qui lui est propre, dont il est investi directement par la loi, et qui le constitue créancier personnel de ceux qui en sont débiteurs..... » (18 juillet 1854). Voir un arrêt de Cassation du 6 décembre 1859. D. 1860, I, 501. C'est également en ce sens que se prononce Troplong (*Contrat de mariage*, tom. II, n°s 3240 et suivants) ; cet auteur argumente ainsi : « Est-ce que la femme et le mari ne sont pas la même personne ? Est-ce que les tiers ne contractent pas avec la femme en contractant avec le mari, chargé de la dot, investi à cet égard du droit de maître ? Il est de règle que lorsque le mandataire a agi en son propre nom et comme maître de la chose, les débiteurs peuvent compenser avec lui ce qu'ils doivent au mandant. » M. Troplong conclut dans notre espèce à la compensation légale, en se fondant sur ces raisons : que le mari, ayant touché l'argent provenant des créances dotales de sa femme, pourrait le restituer immédiatement après au tiers pour se libérer ; or la compensation est un paiement *brevi manu* : donc le mari peut se libérer sans qu'il ait besoin de recevoir l'argent qu'il doit rendre immédiatement.

Nous n'admettons pas cette opinion. Certainement le mari a le droit d'employer à l'extinction de la dette la somme qu'il doit toucher en paiement de la créance dotale ; certainement nous lui reconnaissons le pouvoir d'opposer une compensation purement facultative. Il est bien évident que le mari et le débiteur de la femme peuvent se donner l'un à l'autre une quittance, n'eussent-ils ni donné ni reçu réellement les deniers, et que la femme est sans qualité pour critiquer cette opération. Mais s'ensuit-il que la compensation soit légale, c'est-à-dire que le débiteur de la femme ait, de son côté, le droit de l'imposer au mari ?

L'art. 1289 n'accorde la compensation que lorsque deux personnes sont respectivement créancières et débitrices l'une envers l'autre. Or cette condition fait ici défaut. Quelque étendu que soit le pouvoir d'administration que l'art. 1549 confère au mari sur les biens dotaux, on sait que ce dernier n'est plus *dominus dotis*.

Les créanciers d'une personne n'ont pas à s'informer si celle-ci administre le patrimoine d'un tiers avec un pouvoir plus ou moins étendu ; ils n'ont de droits que sur ce qui est la propriété de leur débiteur, et à partir du jour où celui-ci se trouve propriétaire.

On a soutenu que le mari était propriétaire des créances dotales, en se fondant sur les règles du quasi-usufruit (587) et sur l'art. 1551, qui parle des meubles estimés. La créance, dit-on, porte en elle-même son estimation : donc le mari en devient propriétaire, sauf clause contraire.

Nous répondons qu'en invoquant les règles du quasi-usufruit, on confond la créance avec le bénéfice qu'elle doit procurer : le mari n'est propriétaire que des deniers, quand ils auront été livrés ; mais il ne l'est pas de la créance elle-même. On ne peut pas non plus invoquer l'art. 1551, qui parle des *meubles mis à prix* dont le mari acquiert la propriété et devient débiteur de leur valeur, car l'estimation vaut vente. Nous ne croyons pas que les meubles mis à prix, aux yeux de la loi, comprennent les créances dotales. On ne peut pas dire que ces dernières soient, à proprement parler, des meubles estimés. Sans doute elles portent leur montant en elles-mêmes, mais c'est là une indication essentielle, une estimation qu'on ne peut pas omettre ; aussi devons-nous dire qu'elles ne transfèrent pas la propriété. L'art. 1567 ne le prouve-t-il pas jusqu'à l'évidence ? Cet article décide que, lorsque la femme s'est constitué des obligations qui ont péri, ou souffert des retranchements, le mari sera quitte en restituant le contrat. Cette décision manifeste clairement la volonté du législateur. Si le mari était propriétaire, il devrait, à la dissolution du mariage, restituer la valeur des créances provenant de la femme et supporter les retranchements ou la perte. Mais il n'est tenu de ne restituer que le titre : c'est qu'il n'est pas propriétaire.

La solution de la question qui nous occupe offre un très grand intérêt. Si la compensation est légale, le débiteur de la femme peut lui-même s'en prévaloir, en sorte que celle-ci verra sa créance éteinte et n'aura d'autre ressource qu'un recours contre le mari, ressource illusoire dans le cas où celui-ci est insolvable. Le mauvais état de la fortune retombera sur la femme. Mais si, au contraire, comme nous le pensons, la compensation n'est que facultative, le mari pourra ne pas en user : il poursuivra alors le débiteur de la femme, obtiendra paiement et placera l'argent au nom de la femme. Ensuite le débiteur de la femme libérée poursuivra le mari et obtiendra ce qu'il pourra ; et, s'il ne touche rien, il ne sera pas en droit de se plaindre : ayant traité avec le mari, n'a-t-il pas suivi la foi de son débiteur ?

La jurisprudence, nous l'avons dit, paraît admettre la compensation légale. Toutefois nous devons citer un arrêt de la cour de Nimes du 5 décembre 1860, qui prononce en notre sens. Il décide que les créances dotales de la femme sont la propriété de celle-ci et non la propriété du mari, et que, par suite, le débiteur d'une telle créance, qui est en même temps créancier personnel du mari, ne peut opposer à celui-ci la compensation de sa dette avec cette même créance (*Journ. du Palais* 1861). MM. Rodière et Pont avaient enseigné, dans la première édition de leur Traité du Contrat de mariage, qu'il s'agissait de la compensation légale ; mais ils ont changé leur manière de voir, et disent, dans leur seconde édition, que le débiteur de la dot ne peut opposer en compensation la créance personnelle qu'il a contre le mari. Tout ce qu'il pourra faire, selon eux, c'est de refuser le paiement au mari tant que la séparation de biens n'a pas été prononcée, pour pouvoir imputer sur sa créance les intérêts de la dot qui appartiennent au mari jusqu'à la séparation de biens.

M. Troplong admet, comme la jurisprudence, la compensation légale, mais il ne se fonde pas sur les mêmes raisons. N'est-il pas de règle, dit-il, que les débiteurs peuvent compenser avec le mandataire qui a agi en son propre nom, ce qu'ils doivent au mandant ? Nous répondons que cette prétendue règle est tout à fait contraire aux principes adoptés par la Cour de Cassation, d'après lesquels la compensation est impossible entre la dette personnelle d'un mandataire et la créance qu'il est chargé de recouvrer, soit comme ayant été constitué à l'origine *adjectus solutionis gratia*, soit en vertu d'une procuration postérieure. (Cass. 10 sept. 1812; —27 déc. 1819. *Journ. du Palais.*)

Nous n'appliquons pas ce que nous avons dit de la créance dotale aux intérêts de cette créance, dont le mari devient propriétaire à mesure qu'ils sont échus, et nous pensons qu'ils doivent sans difficulté se compenser, soit avec les intérêts, soit avec le capital de la dette du mari.

La solution que nous avons admise pour le régime dotal doit être reproduite dans l'hypothèse du régime exclusif de communauté. Dans ce régime, le mari devient administrateur des biens mobiliers ou immobiliers de la femme, et il a droit aux revenus de tous les biens personnels de celle-ci. Mais il est parfaitement certain qu'il ne devient propriétaire ni des meubles ni des immeubles ; dès lors, la créance dont la femme est titulaire, et qui par le fait du mariage est tombée entre les mains du mari, ne pourra pas entrer en compensation. Nous ne contestons pas, sans doute, que le mari puisse employer les sommes dont il a l'administration à l'acquittement de ses propres dettes, et qu'il ait le droit de se servir des créances dont il est nanti pour satisfaire à ses propres obligations. Pour éviter un double paiement, il pourra, cela est certain, opposer à la dette à raison de laquelle il est poursuivi la créance de sa femme ; mais il s'agira ici d'une simple compensation facultative et non de la compensation légale de l'art. 1290.

Une autre question soulevée est celle de savoir si, en cas d'acceptation d'une succession sous bénéfice d'inventaire, la compensation a lieu entre la dette dont un tiers est tenu envers la succession et la créance que ce tiers a contre l'héritier bénéficiaire. L'un des effets du bénéfice d'inventaire, c'est d'empêcher la confusion des deux patrimoines ; il y a dans notre espèce deux créanciers et deux débiteurs distincts : donc la condition de réciprocité fait ici défaut.

Si l'héritier bénéficiaire est à la fois créancier et débiteur de la succession, y aura-t-il compensation ? La question doit se résoudre à l'aide d'une distinction. S'il y a des créanciers opposants, l'héritier bénéficiaire devant distribuer aux créanciers chirographaires, dont il fait lui-même partie, les biens de la succession qui restent après les paiements faits aux créanciers hypothécaires ou privilégiés, pourra se payer à lui-même le montant de la créance qu'il a contre la succession; mais cela, seulement jusqu'à concurrence du dividende auquel a droit chacun des créanciers. La compensation ne sera donc possible que jusqu'à concurrence du dividende commun. Si aucune opposition n'existe, la situation devient toute différente : l'héritier, devant payer les créanciers au fur et à mesure qu'ils se présentent, pourra naturellement compenser avec sa dette la créance qu'il a contre la succession ; la compensation aura lieu pour le tout.

La compensation peut-elle s'opérer entre la dette d'un tiers envers une société et la dette personnelle d'un des associés envers ce tiers ?

La solution est tout opposée, suivant qu'il s'agit d'une société civile ou d'une société commerciale. S'il s'agit d'une société civile, celle-ci n'ayant pas de personnalité distincte de celle des associés, la compensation sera possible jusqu'à concurrence de la part de l'associé débiteur personnel du tiers dans la créance dont ce tiers est tenu envers la société. Si au contraire il s'agit d'une société commerciale, cette société ayant une individualité propre, une personnalité civile nettement distincte de celle des associés, la compensation sera impossible.

C'est, avons nous dit, dans l'art. 1295 que se trouve la seconde application que le législateur a faite de la règle qui exige la personnalité réciproque des deux dettes pour que la compensation s'opère.

Art. 1295. « Le débiteur qui a accepté purement et simplement la cession qu'un créancier a faite de ses droits à un tiers, ne peut plus opposer au cessionnaire la compensation qu'il eût pu, avant l'acceptation, opposer au cédant.

» A l'égard de la cession qui n'a point été acceptée par le débiteur, mais qui lui a été signifiée, elle n'empêche que la compensation des créances postérieures à cette notification. »

Paul est créancier de Pierre pour la somme de mille francs. Il cède sa créance à Jacques. Supposons que Pierre, le débiteur cédé, soit lui-même créancier du cédant; pourra-t-il opposer sa créance à Jacques le cessionnaire ? Remarquons d'abord que si le cessionnaire ne s'est pas conformé aux règles de l'art. 1690 pour rendre la cession parfaite, le cédé sera toujours censé être débiteur du cédant, car il est un tiers au contrat du transport-cession. Si donc ce dernier paie le cédant, il sera libéré ; il en sera de même s'il devient créancier du cédant : la compensation éteindra sa dette, et le cessionnaire n'aura plus qu'une action en garantie contre le cédant.

Il en sera tout autrement si la cession est devenue parfaite. Lorsque le cessionnaire sera saisi à l'égard du débiteur cédé, ce dernier ne pourra plus opposer la compensation, car à partir de ce moment il ne peut plus payer le cédant (1691).

Aux termes de l'art. 1690, la cession peut devenir parfaite par l'un ou l'autre de ces deux moyens: soit par la signification du transport au débiteur, soit par l'acceptation de ce transport faite par le débiteur.

Mais l'art. 1295, que nous avons cité en entier plus haut, établit entre ces deux modes une différence importante.

Est-ce par la signification du transport que le cessionnaire a été saisi à l'égard du cédé : la compensation, à l'avenir, n'est plus possible entre cédant et cédé. Mais, par le seul fait que la créance du cédant et celle du cédé ont coexisté, soit avant la cession, soit même depuis la cession, mais avant la signification, la compensation s'est produite, et par suite la cession n'a rien transmis au cessionnaire contre le cédé, dont la dette est éteinte.

Est-ce au contraire par l'acceptation du transport faite par le débiteur dans un acte authentique que le cessionnaire se trouve saisi : le débiteur cédé n'a plus le droit de faire valoir la compensation contre le cessionnaire, alors même qu'elle se serait opérée avant l'acceptation.

Cette distinction, que le projet primitif ne renfermait pas, fut introduite sur la proposition du Tribunat : « Ces deux cas, a-t-on fait observer, sont tout à fait différents. Dans le dernier, le débiteur, ayant accepté la cession, a renoncé par cela même à toute espèce de compensation de ce que le cédant pouvait déjà lui devoir, comme de ce qu'il lui devra par la suite. Dans le premier, il ne peut être privé du droit de compenser ce qui lui était dû par le cédant, et il l'est seulement pour ce qui lui sera dû par lui à l'avenir. »

Il faut reconnaître que cette disposition de l'art. 1295, qui empêche la compensation de se produire en cas d'acceptation de la part du débiteur, est une dérogation au principe de l'art. 1290, d'après lequel la créance dont le cessionnaire se trouve investi devrait être éteinte *ipso jure*, à l'insu des parties. Mais nous devons ajouter que cette dérogation se justifie parfaitement : en effet, à la différence de la signification, qui est un acte tout à fait étranger au cédé, l'acceptation, au contraire, est une sorte d'adhésion par laquelle il s'engage lui-même, personnellement, envers le cessionnaire, une reconnaissance que la créance dont ce dernier se trouve investi n'est pas éteinte. Au lieu de dire que l'art. 1295 1° constitue une dérogation au principe de l'art. 1290, il vaut mieux voir dans cette disposition un cas de renonciation tacite à la compensation.

Comme on ne peut, par son fait, nuire aux droits acquis à des tiers, cette acceptation pure et simple n'aura d'effet qu'entre les parties, c'est-à-dire entre le cédant, le cédé et le cessionnaire. Le cédé garde sa créance contre le cédant; le cessionnaire a acquis la créance que le cédant avait contre le cédé. Mais les accessoires, tels que cautionnements ou hypothèques de chacune des créances, ont été anéantis. Par le fait de la compensation légale, les cautions ont été libérées, les hypothèques se sont éteintes, et rien, si ce n'est la volonté des intéressés, ne peut les faire revivre. Les tiers détenteurs des immeubles hypothéqués à ces créances ne pourront donc pas être inquiétés. Bref, les tiers restent dans la situation avantageuse où la compensation légale les avait placés avant l'acceptation.

Tout en acceptant la cession, le débiteur pourrait faire des réserves de compensation; et, dans ce cas, la disposition de l'art. 1295 1° ne sortirait pas à effet. Il résulte du texte même de cet article que l'acceptation ne peut empêcher la compensation que tout autant qu'elle est faite purement et simplement.

Supposons que le cédé ait accepté purement et simplement, sans faire de réserves ; mais il était devenu, à son insu, la veille de cette acceptation, créancier de son créancier : une succession, par exemple, s'était ouverte à son profit, et le *de cujus* avait une créance contre son créancier. Le cédé pourra-t-il, dans ce cas, opposer du chef du cédant la compensation au cessionnaire ?

L'affirmative a été soutenue. On a dit que l'art. 1295 était fondée sur une renonciation tacite ; or on ne peut pas dire que le débiteur ait renoncé à la compensation, puisqu'il ne la connaissait pas. La renonciation est un acte de volonté : *qui errat non consentire videtur*. On fait valoir que telle était la doctrine de Pothier, qui suppose (nº 572) que le cédé, au moment où il acceptait la cession purement et simplement, *avait connaissance de sa créance contre lui.*

Enfin on tire un autre argument de la disposition de l'art. 1299.

Nous ne croyons pas que ce soit la doctrine du Code civil. La compensation, selon nous, n'est pas opposable.

Le cédé a-t-il accepté purement et simplement ? C'est la seule question à laquelle il faut répondre.

Le texte est absolu dans ses termes. Il ne distingue pas entre le cas où le cédé a accepté dans l'ignorance où il était de l'existence de sa créance contre le cédant, et le cas contraire.

Cette décision, d'ailleurs, n'est pas inique. Le cédé n'était pas forcé d'accepter la cession. Il devait connaître sa situation. Il pouvait faire des réserves à tout événement. Le cessionnaire, alors, aurait pu concevoir des doutes et se prémunir. Si le cédé a accepté à la légère, il n'a qu'à s'en prendre à lui-même. Le cessionnaire a dû compter sur l'effet de l'acceptation pure et simple. Par suite, le cédé doit continuer à être obligé envers le cessionnaire, malgré la découverte postérieure de son erreur, car cette erreur pourait causer à ce dernier un préjudice irréparable si le cédant était insolvable.

On invoque l'art. 1299, d'après lequel le débiteur qui a payé son créancier voit revivre l'ancienne créance lorsqu'il avait *une juste cause d'ignorer la créance qui devait compenser sa dette.*

Mais nous ferons observer que le cas prévu par cet article est tout différent du cas prévu par l'art. 1295. Dans le premier, la créance n'est pas éteinte ; c'est une exception, il est vrai. Mais qui peut s'en plaindre ? Les autres créanciers, privilégiés ou hypothécaires ? les tiers détenteurs ? Mais leur situation n'est pas changée.

Dans le second, au contraire, si la créance était éteinte, le cessionnaire se verrait privé des droits sur lesquels il a dû légitimement compter.

Disons donc que le cédé, malgré sa bonne foi, sera forcé de payer sa dette envers le cessionnaire, sauf au cédé à recourir contre le cédant, qui devra lui payer la somme qu'il devait au *de cujus*, auquel le cédé vient de succéder. Et si cette créance était garantie par une hypothèque ou une caution, le cédé, victime d'une erreur qu'il ne pouvait éviter, pourra invoquer par analogie l'art. 1299 pour faire revivre les garanties accessoires évanouies par l'effet de compensation. C'est là l'opinion de M. Demolombe (tom. V, pag. 439).

Au cas de plusieurs cessions successives, il faut nécessairement distinguer les dettes civiles des effets de commerce.

En principe, la compensation opérant de plein droit, même à l'insu des parties, le débiteur doit pouvoir cumuler les causes de compensation : ainsi en est-il pour les obligations civiles. Le débiteur a le droit d'opposer au dernier cessionnaire toutes les compensations qui ont pu avoir lieu entre lui et les cessionnaires antérieurs, à moins qu'il ne s'en soit retiré la faculté par une acceptation.

Mais les exigences et la sûreté du commerce nécessitent d'autres principes. Le débiteur pourra bien invoquer vis-à-vis du porteur d'un effet de commerce la compensation des créances qu'il a sur lui, mais non de celles qu'il peut avoir sur l'un des endosseurs.

En souscrivant un billet à ordre ou une lettre de change, on s'oblige à payer au porteur, à l'échéance, et, par cela même, on accepte d'avance le transport que pourra faire le créancier. Or l'acceptation du transport, nous le savons, implique renonciation à la compensation. La jurisprudence a décidé que le débiteur d'un billet à ordre, transmis par voie d'endossement, ne peut opposer au tiers porteur la compensation de ce qui lui est dû par le créancier au profit duquel le billet fut originairement souscrit, encore que le tiers porteur ne possède le billet qu'à titre de nantissement. « Attendu, dit un arrêt de Paris, 12 mai 1806, que le débiteur d'un effet à ordre n'est point recevable à examiner si le tiers porteur est ou n'est pas légitime propriétaire. » Toutefois il ne saurait y avoir de compensation, même entre le porteur et le débiteur, lorsque le débiteur n'a pour titre qu'un endossement irrégulier non translatif de propriété ; dans ce cas, elle se produira entre le débiteur et l'endosseur, le porteur étant réputé mandataire (Cass. 16 déc. 1851).

Supposons qu'un débiteur se rende cessionnaire d'une créance sur son propre créancier : a-t-il besoin, pour que la compensation s'opère, de lui notifier son transport? ou bien, par le seul fait de la cession, les deux dettes se compensent-elles de plein droit ?

Nous estimons que la notification est nécessaire, même dans ce cas. L'art. 1690 ne distingue pas si le débiteur cessionnaire est ou non créancier du débiteur cédé ; du reste, cette notification est indispensable, même entre le cessionnaire et le débiteur cédé, afin que, dans l'ignorance du transport, celui-ci ne fasse pas de paiement au cédant lui-même.

Nous avons énuméré les conditions établies par le législateur pour la compensation légale. Il n'en existe pas d'autres.

Ainsi, l'incapacité des parties ne saurait être un obstacle à la compensation. Sans doute, d'une part, la partie incapable ne pourrait pas payer ce qu'elle doit ni recevoir ce qui lui est dû, et, d'autre part, sa compensation est un paiement. Mais il faut remarquer que c'est un paiement fictif qui diffère du paiement réel, en ce sens qu'il n'est pas l'œuvre directe et personnelle de la partie: il est l'œuvre de la loi ; c'est pour cela qu'en notre espèce il peut s'opérer.

De même, il n'est pas nécessaire que les deux dettes aient une cause identique ; c'est ce qui résulte des termes de l'art. 1293. L'une des dettes a pour cause un prêt, et l'autre un prix de vente ; ou bien celle-ci provient d'un contrat ou d'un quasi-contrat, et celle-là d'un délit ou d'un quasi-délit : la compensation n'en produira pas moins son effet. Une créance due en vertu d'un titre authentique se compensera de plein droit avec une créance due en vertu d'un titre sous seing-privé ; une créance commerciale avec une créance civile.

L'une des dettes est garantie par des sûretés, un cautionnement ou une hypothèque, et l'autre est simplement chirographaire. Peu importe ! c'est là une différence tout à fait étrangère à la question de la compensation.

Il n'est pas nécessaire que les deux dettes soient connues des parties intéressées : la compensation s'opère, même à l'insu des débiteurs (art. 1290).

Il n'est pas non plus nécessaire qu'elles aient la même quotité (1290). Si l'égalité des sommes dues de part et d'autre était exigée, la compensation n'aurait presque jamais lieu. Le créancier de la plus forte somme se trouve forcé de recevoir un paiement partiel. C'est là une exception à la règle de l'article 1244 ; mais cette exception ne cause aucun préjudice au créancier.

Enfin la compensation s'accomplit même quand les deux dettes ne sont point payables au même lieu. « Lorsque les deux dettes ne sont pas payables au même lieu, on n'en peut opposer la compensation qu'en faisant raison des frais de remise » (1296).

Ainsi, Pierre doit mille francs à Paul, payables à Marseille ; et Paul doit à Pierre la même somme payable à Paris. La compensation s'opérera entre ces deux dettes ; mais il faudra tenir compte des frais de remise, c'est-à-dire des frais que l'une des parties sera obligée de faire, pour se procurer des fonds dans le lieu où sa créance doit lui être payée. Le cours du change de Paris sur Marseille est par exemple de 2 0/0 ; le cours du change de Marseille sur Paris est de 1 0/0. Pour payer mille francs à Marseille, Pierre aurait donné 20 fr. ; pour payer mille francs à Paris, Paul aurait donné 10 fr. La différence est donc de 10 francs ; Pierre devra en tenir compte à Paul.

Faut-il restreindre l'application de l'art. 1296 au cas où il s'agit de dettes d'argent, ou bien faut-il l'étendre au cas de dettes de choses fongibles ? La généralité des termes de cet article se refuse à une interprétation restrictive. Nous pensons que lorsque des denrées de même espèce sont dues en des lieux différents, il faudra tenir compte du prix de transport ou de la différence de valeur des denrées sur les deux marchés, augmentée des frais à faire pour acheter de l'un sur l'autre. Mais ces deux éléments ne sont jamais réunis. Le débiteur de denrées ne peut gagner plus que le prix du transport, car si la différence des marchés, augmentée des frais d'achat de l'un sur l'autre, excède ce prix, il n'a qu'à transporter d'un marché à l'autre ; si elle reste en deçà, il n'a qu'à acheter sur le marché le plus fort, et, dans cette hypothèse, la compensation lui fait économiser la différence des deux marchés et les frais d'achat.

Cet art. 1296 est une dérogation au principe de liquidité exposé dans l'art. 1291. On ne peut pas dire ici que les deux dettes soient liquides, dans le sens strict du mot; mais la loi a estimé que la compensation n'en avait pas moins lieu, parce qu'il était facile de connaître le cours du change et que la liquidation des deux dettes pourrait se faire aisément.

Il s'agit, dans l'art. 1296, d'une compensation légale et non d'une compensation facultative, comme l'a prétendu Toullier. Cet auteur, à ce sujet, s'exprime ainsi : « Cette compensation ne produit donc son effet que du jour où elle est *opposée*, avec offre d'une somme pour frais de remise. Vous me devez une somme payable à Rennes ; je vous en dois une payable à Rome : la compensation de ces deux sommes ne se fait pas de plein droit ; mais si je vous demande les mille francs que vous devez me payer à Rennes, vous pouvez m'opposer la compensation des mille francs que je vous dois à Rome, en offrant l'escompte nécessaire pour faire passer cette somme à Rome. »

C'est là une grave erreur. Le mot *peut*, qui a trompé Toullier, n'a pas dans l'art. 1296 d'autre sens que dans les articles précédents, 1294, 1295, où il s'agit de compensation légale, et le mot opposer n'a, dans cet article comme dans les autres, d'autre sens que celui de déclarer la compensation au magistrat. La diversité des lieux où les sommes sont payables est une circonstance qui ne tient point à la nature des choses dues, et le Code civil n'exige pour la compensation légale d'autres conditions, sinon que les deux dettes soient de même nature, liquides et exigibles.

Le législateur n'a traité nulle part de la compensation purement facultative. Il a entendu que la compensation fût légale dans cette espèce, comme elle l'était du reste du temps de Domat et de Pothier.

TROISIÈME SECTION.

Cas dans lesquels la Compensation n'a pas lieu.

La règle générale est que la compensation a lieu lorsque les quatre conditions énumérées ci-dessus se rencontrent. Mais l'art. 1293 vient y apporter quatre catégories d'exceptions.

Les rédacteurs du Code ont voulu reproduire la plupart des exceptions du Droit romain et de notre ancien Droit ; mais on peut dire qu'ils n'ont été nulle part plus malheureux dans le choix de leurs expressions.

L'art. 1293 est ainsi conçu :

« La compensation a lieu, quelles que soient les causes de l'une ou de l'autre des dettes, excepté dans le cas :

» 1° De la demande en restitution d'une chose dont le propriétaire a été injustement dépouillé ;

» 2° De la demande en restitution d'un dépôt et du prêt à usage ;

» 3° D'une dette qui a pour cause des aliments déclarés insaisissables. »

Cet article comprend quatre cas exceptionnels dans lesquels la compensation ne s'opère point. Les trois premiers cas s'expliquent, à première vue, par une raison qui leur est commune, à savoir : par la défaveur de la cause des dettes auxquelles ils ont trait, défaveur qui devait faire refuser à ces dernières le bénéfice de la compensation. Ces trois exceptions soulèvent toutefois une difficulté insurmontable. La compensation ne s'opère par la seule force de la loi que si les deux obligations ont pour objet des choses fongibles entre elles. Or quel peut être l'objet d'une demande en restitution, d'un dépôt et d'un prêt à usage, si ce n'est toujours un corps certain ?

Les trois premiers cas énoncés dans l'art. 1293 ne sont donc pas des exceptions, puisqu'ils n'étaient pas compris dans la règle : s'ils ne comportent pas la compensation, c'est parce que la première condition fondamentale exigée par l'art. 1291, la fongibilité, leur fait complètement défaut. Il y a dans l'art. 1293 une erreur de doctrine qui est due sans doute à l'influence du Droit romain. A ce sujet, Mourlon fait remarquer (tom. II, n° 1447) que toutes les condamnations, à Rome, même celles qui avaient pour objet un corps certain, aboutissaient à un résultat pécuniaire, c'est-à-dire à une somme d'argent ; il en résultait que les dettes de corps certains pouvaient elles-mêmes devenir compensables.

Le quatrième cas est bien une exception, car il a trait à une dette qui a pour objet des choses fongibles. Cette exception est fondée sur la faveur de la cause de la dette.

Après avoir présenté ces observations générales sur

l'art. 1293, il nous reste à étudier chacun des quatre cas en particulier.

PREMIÈRE EXCEPTION.

Elle est relative au cas où l'une des parties a été dépouillée injustement de la chose qu'elle demande.

C'est, on le voit, la reproduction de l'ancien adage : *Spoliatus ante omnia restituendus.*

Je vous dois mille francs; mais en mon absence vous pénétrez dans ma maison et m'enlevez pareille somme. Je vous les réclame en justice. Vous me répondez : Je vous ai pris mille francs; vous m'en deviez autant : donc nous sommes quittes. C'est ce que la loi ne veut pas. Vous devez être condamné à payer, quand même la restitution de la somme vous exposerait à une perte certaine. On ne peut pas se faire justice soi-même.

Mais était-il nécessaire d'une disposition du législateur pour que la compensation fût ici impossible ? Nullement, car le voleur est débiteur d'un corps certain ; il doit rendre le même objet qu'il a enlevé et qui, par le fait de son délit, a cessé d'être une chose fongible. La compensation n'a pas lieu, parce que la condition de fongibilité fait défaut.

DEUXIÈME EXCEPTION.

Elle est relative à la demande en restitution d'un dépôt. Sommes-nous en présence d'une exception ? Pas plus que dans le premier cas. Les choses qui forment l'objet d'un dépôt régulier ne peuvent être fongibles: donc la compensation est exclue par la nature même des choses.

Sans doute faut-il entendre l'article de la demande en restitution d'un dépôt irrégulier. On peut alors voir dans l'art. 1293 une exception : en effet, le dépôt irrégulier consiste à remettre une somme à une personne qui doit rendre une somme égale, sans être tenue de restituer les mêmes espèces. Il n'a rien de commun avec le dépôt véritable, qui ne peut se comprendre sans la restitution de l'objet déposé (art. 1932). On peut dire qu'ici, sans l'art. 1293, la compensation pourrait s'opérer. Pourquoi le dépositaire ne pourra-t-il pas opposer la compensation? Parce qu'il a promis de restituer à la première réquisition, et qu'il y aurait mauvaise foi de sa part de refuser la restitution, sous prétexte qu'il se trouve lui-même créancier du déposant.

L'exception doit être restreinte au dépôt irrégulier. Les fonds remis à un banquier qui se charge de les faire valoir, les versements faits aux Caisses d'épargne, donnent des créances susceptibles de compensation. (*Sic.*, M. Larombière, sur l'art. 1293, n° 3.)

TROISIÈME EXCEPTION.

Elle est relative à la demande en restitution d'un prêt à usage.

Cette exception est plus difficile à expliquer que la seconde, car le contrat dont il s'agit a toujours un corps certain pour objet, et il n'y a pas de *commodat* irrégulier. C'est la chose prêtée elle-même qui doit être rendue, et si l'emprunteur pouvait en rendre la valeur, ce ne serait plus un *commodat*, mais un *mutuum*. Aussi Pothier n'avait-il excepté que la demande en restitution du dépôt, sans rien dire de la demande en restitution du prêt à usage.

On a fait tous les efforts pour expliquer cette troisième exception, mais aucune explication ne nous paraît possible.

Delvincourt se place dans une hypothèse tout à fait ingénieuse. Il faut supposer, d'après lui, que la chose prêtée a péri par la faute de l'emprunteur ; la dette de ce dernier se transforme en dommages-intérêts, lesquels sont choses fongibles ; dans ce cas, si l'art. 1293 n'existait pas, les dommages-intérêts se compenseraient avec les sommes dont le commodataire se trouve créancier de son prêteur.

Mais cette explication n'est pas satisfaisante. Lorsque la chose périt par la faute de l'emprunteur, ou les dommages-intérêts qui sont dus en raison de cette faute sont liquidés, ou ils ne le sont pas. S'ils ne le sont pas, la compensation ne s'opérera pas, car il faut que les deux dettes soient liquides (1291). S'ils le sont, la compensation s'opérera, car l'exception de l'art. 1293 est relative à la demande en restitution d'un prêt à usage; or, ici, ce n'est pas de cette demande dont il s'agit, mais bien d'une action pécuniaire en dommages-intérêts.

Toullier donne une autre explication. D'après lui, l'exception s'applique au cas où le commodat a pour objet des choses se consommant par le premier usage, et que l'emprunteur recoit *ad pompam vel ostentationem*. Par exemple, un receveur dont la caisse se trouve en déficit, voulant tromper ses inspecteurs, emprunte des sacs d'argent pour tenir lieu pendant l'inspection de ceux qui lui manquent. et qu'il devra rendre *in ipso individuo* au prêteur qui en est resté propriétaire. L'emprunteur aurait pu opposer la compensation d'après les principes généraux ; il ne le pourra pas en vertu de l'art. 1293.

Mais il y a là une erreur manifeste : les pièces d'argent sont bien des choses *quæ ipso usu consumuntur;* mais ici ce ne sont pas des choses fongibles, ce sont des corps certains; dans cette espèce, c'est l'absence de fongibilité qui est un obstacle à la compensation.

Il faut convenir qu'il est impossible de trouver une explication satisfaisante et reconnaître, avec Marcadé, que cette disposition de l'art. 1293. 2° n'est qu'un non-sens.

QUATRIÈME EXCEPTION.

Elle a trait à une dette qui a pour cause des aliments déclarés insaisissables.

La dette a donc ici pour objet des choses fongibles, soit de l'argent, soit des denrées. Elle serait compensable, d'après l'art. 1291 ; mais, d'après l'art. 1293, elle ne l'est pas. C'est bien une véritable exception.

Pourquoi cette exception ? Elle est fondée sur un motif d'humanité : le législateur n'a pas voulu que l'on pût enlever à un créancier d'aliments, pour une cause quelconque, ses moyens d'existence. C'est pour le même motif qu'il a déclaré ces créances insaisissables (581, C. de proc.). Bien plus, il nous semble qu'on pourrait à la rigueur prétendre que, même en dehors du texte de l'art. 1293 et en présence de l'art. 581 du Code de procédure seul, qui déclare les aliments insaisissables, la compensation est impossible à l'occasion d'une dette de cette nature. En effet, la compensation est un paiement abrégé : or on ne doit pouvoir compenser que les dettes qu'on peut être contraint de payer. Mais il est bien certain que l'on ne peut obliger un débiteur de payer une dette avec les sommes destinées à lui assurer des aliments, puisqu'elles sont insaisissables : donc ces sommes ne doivent pas entrer en compensation. Bigot de Préameneu, dans l'exposé des motifs, disait : « Une tierce personne ne pourrait saisir les aliments entre les mains du débiteur ; ce serait une sorte de saisie, si le débiteur voulait retenir la somme en la compensant. »

Le principe est donc celui-ci : Une dette insaisissable n'est pas compensable. Donc, d'un côté, il faut étendre l'exception à toute dette insaisissable, quelle qu'elle soit ; d'un autre côté, dès que l'insaisissabilité aura cessé, il faudra dire que, par voie de conséquence, la compensation pourra désormais avoir lieu. Ainsi, en vertu de l'art. 582, C. de proc., les provisions alimentaires peuvent être saisies pour cause d'aliments. Il en résulte que la compensation pourra se produire entre deux créances d'aliments. De même, le fournisseur qui a vendu les aliments à Primus et qui, par conséquent, est devenu créancier pour cette cause, aura le droit de se faire payer sur la pension alimentaire de Primus, ou de retenir une partie de cette pension pour se désintéresser dans le cas où il en serait lui-même débiteur; car, loin de détourner par là cette pension de l'emploi auquel elle était destinée, on ne fait que l'utiliser selon son but.

QUATRIÈME SECTION.

Effets de la Compensation légale.

Nous avons vu comment s'opère la compensation et sous quelles conditions elle peut avoir lieu. Nous avons maintenant à rechercher quels en sont les effets.

La compensation, dans notre Droit français, est un mode d'extinction d'obligations. C'est un double paiement fictif et abrégé qui est censé avoir lieu dès l'instant de la coexistence des deux dettes et qui, par conséquent, doit produire des résultats identiques à ceux qu'amènerait un paiement réel. Ce principe posé, il est facile d'en déduire les conséquence naturelles.

1° Lorsqu'il y a plusieurs dettes compensables dues par la même personne, on suit, pour la compensation, les règles établies pour l'imputation par l'art. 1256. C'est là ce que nous dit l'art. 1297. Il est à remarquer que ce texte ne nous renvoie point aux art. 1253, 1254 et 1255. La raison en est facile à comprendre. Dans ces trois articles, il n'est question que de l'imputation faite par le débiteur ou le créancier. Mais, la compensation s'opérant de plein droit, ce n'est ni à l'un ni à l'autre à faire cette imputation ; c'est à la loi elle-même, et dès-lors l'art. 1256, qui règle le cas où la quittance ne porte aucune imputation, doit seul attirer notre attention.

Aux termes de l'art. 1256, le paiement doit être imputé sur la dette que le débiteur avait alors le plus d'intérêt d'acquitter entre celles qui sont pareillement échues, sinon sur la dette échue, quoique moins onéreuse que celles qui ne le sont pas.

Si les dettes sont d'égale nature, l'imputation se fait sur la plus ancienne ; toutes choses égales, elle se fait proportionnellement.

« Cette décision, dit Pothier (celle de l'art. 1297, qui lui a été empruntée), n'a lieu que lorsque les différentes dettes dont j'étais votre débiteur ont toutes précédé la créance que j'ai depuis acquise contre vous. Mais si, étant votre débiteur d'une somme de mille livres, je suis devenu depuis votre créancier de pareille somme, et si j'ai depuis contracté une nouvelle dette envers vous, quoique ce fût une dette dont j'eusse plus d'intérêt d'être acquitté que la première, néanmoins vous pourrez m'en demander le paiement sans que je puisse vous opposer la compensation de la créance que j'ai acquise, cette créance ayant été éteinte aussitôt que je l'ai acquise, par la compensation qui s'est opérée de plein droit de cette créance avec la première que vous aviez contre moi. » (N° 638.)

On voit donc par là que l'art. 1256 ne reçoit son application en matière de compensation que lorsque les différentes dettes se trouvent échoir en même temps ou lorsqu'elles se trouvent échoir à des intervalles différents, mais toutes avant l'échéance de la dette unique de l'autre partie.

Supposons que Primus soit créancier à l'égard de Secundus de deux dettes : l'une hypothécaire et l'autre chirographaire, et que Secundus ait, comme Primus, une créance dont le montant égale celui de la créance chirographaire de ce dernier, mais est inférieure au montant de la créance garantie par hypothèque.

Secundus pourra-t-il imputer sa créance sur la dette hypothécaire, et forcer ainsi son créancier à recevoir un paiement partiel ? On a soutenu la négative, en se basant sur le principe de l'indivisibilité du paiement, écrit dans l'art. 1244. Mais l'affirmative nous semble préférable, attendu que, d'une part, le principe de l'art. 1244 ne s'applique pas en matière de compensation : cela résulte, nous le savons, de l'art. 1290; et que, d'autre part, aux termes de l'art. 1256, l'imputation doit se faire sur la dette que le débiteur a le plus d'intérêt d'acquitter.

2° Les intérêts cessent de courir à partir du moment

où les deux créances coexistent. A Rome, où la compensation était judiciaire, l'application rigoureuse des principes aurait dû conduire à des résultats différents. Mais quoiqu'elle ne fût pas légale, nous savons qu'une disposition de Sévère, se fondant sur l'équité, avait décidé que la compensation, au point de vue des intérêts, aurait un effet rétroactif.

3° La compensation arrête le cours de la prescription. Ainsi, j'ai contre Primus une créance de mille francs, laquelle est sur le point de s'éteindre par prescription ; j'hérite d'une personne qui me charge d'un legs de mille francs en faveur de Primus. Lorsque plus tard Primus me poursuivra en paiement du legs, je lui opposerai la compensation, bien qu'à ce moment-là ma créance date depuis plus de trente ans ; car les dettes s'éteignent par la compensation, non pas au moment où celle-ci est opposée en justice, mais du jour où elles ont coexisté.

4° Les sûretés attachées aux deux créances disparaissent avec elles. Les cautions sont libérées (1294 1°). Les privilèges et hypothèques sont anéantis, et le débiteur qui avait donné un objet en nantissement a le droit de le reprendre, pourvu que sa dette soit acquittée intégralement, soit par la compensation, soit au moyen d'un appoint en espèces, le gage, le privilège, l'hypothèque étant indivisibles et garantissant le paiement de la plus petite portion de la créance comme celui de la créance tout entière.

5° La compensation n'a pas lieu au préjudice des droits acquis à un tiers (1298).

En effet, elle ne saurait être admise là où le paiement lui-même ne serait pas possible.

Remarquons qu'il n'est question, dans l'art. 1298, que

des droits *acquis*. Lorsqu'un débiteur est insolvable, la compensation légale qui s'opère entre lui et l'un de ses créanciers porte aux autres un préjudice évident : la créance, qui était le gage commun de tous, sert à payer intégralement un seul, pendant que les autres sont réduits à attendre un dividende diminué par ce paiement intégral. Cependant, nul n'a la faculté de s'opposer à la compensation, parce que le droit de chacun est non pas un droit acquis, enlevant au débiteur la libre disposition de sa créance, mais un droit purement éventuel.

Le même article nous fournit un exemple de droit acquis : « Ainsi, celui qui, étant débiteur, est devenu créancier depuis la saisie-arrêt faite par un tiers entre ses mains, ne peut, au préjudice du saisissant, opposer la compensation ».

L'analogie qui existe entre la compensation et le paiement fait comprendre sans peine pourquoi le législateur a édicté la disposition qui nous occupe. La saisie-arrêt rend les droits du créancier saisissant plus solides. A partir de ce moment, le tiers saisi ne peut plus se libérer en payant entre les mains de son créancier personnel (1242). Pourquoi le pourrait-il en le payant par monnaie de compensation ? Seulement, comme la saisie ne donne au saisissant aucun droit de préférence sur la créance qui en est l'objet, le tiers saisi pourra indiquer, dans la déclaration dont parle l'art. 573 (C. de proc.), qu'il est devenu créancier du saisi, déposer au greffe son titre de créance, et signifier son intention. Il viendra alors en concours avec lui au marc le franc, et la compensation pourra s'établir pour le montant de ce qui lui sera départi sur la créance.

L'art. 1298 suppose que la créance du tiers saisi est

postérieure à la saisie-arrêt. Mais, si elle était antérieure, il pourrait se prévaloir de la compensation, pourvu que les conditions requises se fussent rencontrées à cette époque. La saisie serait nulle dès-lors, faute d'objet, car le tiers saisi n'était plus débiteur au moment où elle est intervenue.

La compensation ne sera pas possible lorsque la créance du tiers saisi est antérieure à la saisie-arrêt, mais ne réunit pas au moment de cette saisie les conditions de la compensation légale, par exemple lorsqu'elle n'est pas liquide et exigible (Cass. 18 fév. 1842).

Il faut appliquer à la saisie-arrêt, en matière de compensation, les règles applicables en matière de paiement, et dire que la saisie-arrêt fait obstacle à la compensation, non-seulement jusqu'à concurrence des causes de la saisie, mais encore pour la totalité de la dette, lors même que le chiffre de la dette du saisi serait supérieur au chiffre de la dette du saisissant. En effet, le tiers saisi ne peut payer au débiteur saisi cet excédant, car il peut survenir d'autres saisies avant le jugement qui fixe irrévocablement les droits du créancier saisissant. Ce dernier, venant en concours avec les autres, verrait son gage diminué par le paiement partiel qui aurait été fait. La compensation aurait les mêmes effets : elle ne peut donc avoir lieu.

Mais, dira-t-on, dans le cas où il ne surviendrait pas d'autre créancier saisissant, la compensation ne pourrait-elle pas s'établir entre l'excédant de la créance et la créance du tiers saisi ? Il faut répondre négativement. En effet, par suite de la saisie-arrêt, la dette du tiers saisi n'était plus liquide, la somme que ce dernier devra payer au saisi variant, jusqu'au dernier moment, avec le nombre des saisies nouvelles qui pourront survenir.

Si l'obstacle à la compensation qui résultait du droit acquis à un tiers vient à disparaître; si, par exemple, il est donné main-levée de la saisie, la compensation devient possible.

La saisie-arrêt n'est pas le seul cas auquel s'applique la règle de l'art. 1298. Le mot *ainsi*, contenu dans le texte, prouve bien que ce n'est là qu'un exemple.

Nous en avons déjà trouvé une autre application dans l'art. 1295. Le cédé ne peut pas opposer au cessionnaire la compensation qui, à défaut de cession, se serait opérée entre lui et le cédant, parce que précisément cette compensation aurait lieu au préjudice du droit acquis au cessionnaire.

Toutefois il y a une différence entre la cession et la saisie-arrêt : Le débiteur cédé, créancier du cédant, ne peut rien retenir sur sa dette pour se payer lui-même ; au contraire, nous avons vu que, la saisie ne conférant aucun privilège au saisissant, le tiers saisi pourra venir en concours avec ce dernier.

Par application de la règle que nous avons énoncée, l'acquéreur d'un immeuble hypothéqué ne peut prétendre, à l'égard des créanciers hypothécaires, que le prix dont il était débiteur s'est compensé avec la créance qu'il avait contre le vendeur. Il doit en effet payer les créanciers d'après le règlement d'ordre.

CINQUIÈME SECTION.

Renonciation à la Compensation légale.

La renonciation peut avoir lieu avant que la compensation se soit produite : ainsi, les parties peuvent convenir de ne pas s'en prévaloir quand elle aura lieu ; ou bien la renonciation peut survenir une fois la compensation opérée.

§ 1. Renonciation antérieure a la compensation.

Il est des auteurs qui ont soutenu que cette renonciation antérieure ne pouvait avoir lieu.

Le débiteur, dit Toullier, ne peut renoncer d'avance à la compensation, et avant que le droit en soit acquis. C'est ainsi qu'on ne peut d'avance renoncer à la prescription, quoiqu'on puisse renoncer à une prescription acquise, d'après l'art. 2220.

Cette argumentation de Toullier est sans portée. Nous ferons d'abord remarquer qu'aucun texte ne défend de renoncer d'avance à la compensation, comme l'art. 2220 défend de renoncer d'avance à la prescription. Nous reconnaissons sans doute qu'un texte spécial ne serait pas nécessaire si cette renonciation en elle-même était contraire à l'ordre public, car alors on tomberait sous l'application de l'art. 6. Mais peut-on soutenir que la compensation, comme la prescription, est d'ordre public ? Évidemment non. La compensation est fondée sur l'intention commune des parties, et introduite dans leur intérêt privé : rien donc ne s'oppose à ce qu'elles manifestent une intention contraire.

Cette renonciation par anticipation sera, en fait, la plus rare. Mais il peut certainement arriver qu'elle se présente dans le cas, par exemple, où le capital de l'une des dettes serait destiné à faire les fonds d'une rente annuelle au profit d'un tiers.

Cette renonciation anticipée, étant une clause constitutive de la convention elle-même, en forme une partie intégrante, en sorte qu'elle est opposable aux tiers, tandis qu'au contraire nous verrons que la renonciation à une compensation opérée n'est valable qu'en les parties.

§ 2. Renonciation postérieure a la compensation.

Tandis que la renonciation *in futurum* ne peut avoir lieu que du consentement des deux parties, la renonciation à la compensation opérée peut être unilatérale comme bilatérale; mais il est évident que lorsqu'elle émane d'une seule partie, elle ne produit d'effet qu'à l'égard de celle-ci.

Cette renonciation peut être expresse ou tacite.

Elle est expresse quand elle résulte d'une manifestation de volonté *ad hoc*. Il faut qu'elle soit non équivoque et certaine, mais elle n'est assujettie à aucune forme spéciale. Elle peut donc être faite, soit par acte authentique, soit sous signature privée, soit même verbalement.

La renonciation « a lieu tacitement lorsque l'une des parties fait un acte incompatible avec les effets de la compensation. » (Dalloz ; *Obligations*, n° 2773.)

Il faut ajouter que, dans le doute, elle ne se présume pas, ainsi que toute renonciation à un droit.

Nous avons déjà vu un exemple de renonciation tacite dans l'art. 1295 1°, c'est-à-dire dans le cas où un débiteur accepte purement et simplement la cession qu'un créancier fait de ses droits à un tiers.

Le cédant lui-même renonce à la compensation quand il transporte sa créance à un tiers, car, devant garantir l'existence de la créance au moment où il la cède (1693), il ne peut se réserver le droit d'invoquer une extinction préalable. Mais la compensation ne sera détruite, d'une manière définitive et irrévocable, que lorsque le cédé aura lui-même renoncé à son droit en acceptant.

Le paiement total implique, de la part de celui qui le fait, comme de la part de celui qui le reçoit, la renonciation à la compensation accomplie.

« Le créancier, par cela seul qu'il demande paiement, dit M. Larombière, n'est point censé renoncer au droit d'opposer la compensation. » En effet, il n'y a pas là encore un acte consommé d'où l'on puisse induire une conséquence accomplie et irréparable.

La renonciation doit être clairement établie. Elle doit être limitée à l'effet déterminé auquel elle s'applique. En conséquence, le paiement partiel ne prive pas le débiteur qui l'a fait du droit d'invoquer l'extinction du surplus de sa dette par la compensation. C'est là ce qu'a décidé la jurisprudence (Cass. 17 juillet 1832 ; Cass. 24 décembre 1834).

Art. 1299. « Celui qui a payé une dette qui était, de droit, éteinte par la compensation, ne peut plus, en exerçant la créance dont il n'a point opposé la compensation, se prévaloir, au préjudice des tiers, des privilèges ou hypothèques qui y étaient attachés, à moins qu'il n'ait eu une juste cause d'ignorer la créance qui devait compenser sa dette. »

Une des parties ignorant la compensation paie sa dette ; quelle sera sa position vis-à-vis de l'autre partie et vis-à-vis des tiers ? Le texte que nous venons de citer résout la question et distingue suivant que la partie a eu ou n'a pas eu une juste cause d'ignorer la créance qui devait compenser sa dette.

I. *Elle n'a pas eu une juste cause d'ignorer.* — La loi

assimile ce cas à celui où la partie a payé en connaissance de cause. Ainsi, que la partie ait payé la dette sans ignorer la compensation, ou qu'elle l'ait payée par ignorance, mais sans juste cause, les effets du paiement sont les mêmes. Mais quels sont ces effets ? Nous avons à les rechercher, tant à l'égard des parties qu'à l'égard des tiers.

1° *Entre les parties.* — Un débiteur a payé ; mais comme il est lui-même créancier, il est juste qu'il se fasse payer à son tour. Par quelle action va-t-il poursuivre l'autre partie ? Agira-t-il en vertu de son ancienne créance, ou bien en vertu de la *condictio indebiti* ?

La solution de cette question est d'un grand intérêt pratique. En effet, la créance originaire pouvait être commerciale, ou constatée par un titre exécutoire, ou bien accompagnée d'une élection de domicile, ou bien encore productive d'intérêts. Si elle survit, le créancier pourra user de tous les avantages qui en découlent ; si au contraire elle est éteinte, il n'a plus qu'une créance nouvelle en répétition du paiement de l'indu, créance désormais pure et simple.

Il semble que l'action primitive soit complètement éteinte, même entre les parties, par l'effet de la compensation qui a lieu de plein droit. C'est là l'opinion de certains auteurs ; c'est également ce qu'a décidé un arrêt de la Cour de Pau, du 10 mai 1826, déclarant que le débiteur qui avait payé une dette éteinte par la compensation légale, n'avait plus l'action attachée à la créance originaire, mais seulement la *condictio indebiti*.

Cette solution rigoureuse nous paraît contraire avec le texte de l'art. 1299. Cet article, en disant que celui qui a payé une dette ne peut plus excercer la créance dont il n'a point opposé la compensation, se place seulement au point de vue des droits des tiers. Il veut empêcher que la renonciation de la compensation porte préjudice aux tiers auxquels celle-ci donne un droit acquis à l'extinction de la dette ; et par conséquent, à moins de juste cause d'ignorer, la loi déclare irrévocablement éteints les accessoires de la dette dont le tiers pourrait avoir intérêt à invoquer l'extinction. Mais ses termes montrent clairement que c'est l'ancienne créance qui subsiste, sauf en ce qui touche les droits des tiers. C'est là une importante dérogation que la loi fait par équité au principe rigoureux de la compensation légale (*Sic.*, Aubry et Rau, Marcadé).

Les auteurs qui donnent à celui qui a payé l'action de la créance originaire, lui refusent la *condictio indebiti*. Mais nous ne voyons pas pourquoi le créancier ne pourrait pas également user de cette *condictio*. Régulièrement, les deux dettes sont éteintes par la compensation : il est bien vrai de dire que celle des parties qui a payé, a payé l'*indebitum :* elle a donc droit à la répétition de l'indu.

Plusieurs auteurs n'accordent la *condictio indebiti* que dans le cas où le débiteur a payé par ignorance. Ils se fondent sur l'art. 1376, qui refuse, disent-ils, l'action en répétition de l'indu à celui qui a payé sciemment ce qu'il ne devait pas. Mais cette interprétation est inexacte, car elle confond l'hypothèse qui est réglée par l'art. 1376 avec l'hypothèse régie par l'art. 1377. En effet, le premier de ces textes n'exige pas, comme condition de l'action en répétition de l'indu, que celui qui a payé fût dans l'erreur.

2° *A l'égard des tiers.*—Quant à ceux-ci, la compensation, en s'opérant, a éteint irrévocablement la créance avec tous ses accessoires. Sans doute nous savons qu'une des parties peut renoncer à la compensation par le paiement de ce qu'elle doit. Mais cette renonciation ne peut pas être opposable aux tiers. « Il n'a pas dû être en mon pouvoir, disait Pothier, en vous payant volontairement une dette qui était éteinte par la compensation de cette dette avec la créance que j'avais acquise contre vous, de ressusciter ma créance et les hypothèques qui y étaient attachées, au préjudice des créanciers qui me suivaient et du droit de priorité en hypothèque qui leur avait été acquis par la compensation, qui avait éteint nos créances respectives» (n° 639). C'est là ce qui a été reproduit par le Code civil : « Celui qui a payé une dette ne peut plus se prévaloir, au préjudice des tiers, des privilèges ou hypothèques qui y étaient attachés».

Quoique l'art. 1299 ne parle que des privilèges et des hypothèques, il est évident que la disposition qu'il édicte est également applicable aux cautionnements qui garantissaient la dette éteinte par compensation.

II. *La partie a eu une juste cause d'ignorer la compensation.*

Ainsi, le débiteur qui a payé était devenu avant le paiement héritier d'un créancier de son propre créancier ; mais le décès ayant eu lieu dans un pays éloigné, il n'en a eu connaissance qu'après le paiement.

Ici, le législateur apporte une exception à la règle qu'il a posée dans la première partie de l'art. 1299, et, considérant la juste erreur dans laquelle le *solvens* s'est trouvé, accorde à ce dernier une sorte de *restitutio in integrum* contre le paiement : il lui permet d'exercer son ancienne créance avec les privilèges et hypothèques qui la garantissaient.

La disposition exceptionnelle de l'art. 1299 *in fine* a son fondement dans l'équité. Pothier, auquel le législateur l'a empruntée, disait en effet que la compensation était une fiction de la loi d'après laquelle les parties se sont respectivement payées, aussitôt qu'elles sont devenues créancières et débitrices à la fois l'une de l'autre. Cette fiction qui a été établie en faveur des parties ne doit avoir lieu qu'autant qu'elle ne leur est pas préjudiciable: *beneficium legis non debet esse captiosum* (Pothier, n° 630).

Indépendamment de l'action qui résulte de l'ancienne créance, le *solvens* aura la *condictio indebiti*, car il a acquitté une dette qui n'existait pas. Il est impossible de la refuser à celui qui avait une juste cause d'ignorer la compensation, après que nous l'avons accordée à celui qui a payé sciemment.

La *condictio indebiti* est plus avantageuse si la créance primitive ne produisait pas d'intérêts, et si l'autre partie avait reçu le paiement de mauvaise foi. Cette dernière sera tenue, en effet, de lui payer les intérêts à compter du jour où le payement a été fait (1378).

Quelle sera la situation de la partie qui a reçu le paiement ?

Si elle avait connaissance de la compensation, l'acceptation du paiement qui lui est offert implique de sa part une renonciation. Si elle l'ignorait, elle ne saurait être présumée renonçante. Elle conserve le droit de se prévaloir de l'extinction qui s'est opérée si elle y trouve quelque avantage, par exemple si sa dette était productive d'intérêts et si sa créance ne l'était pas. Mais il est juste qu'elle rétablisse auparavant les choses dans l'état où elles se trouvaient avant le paiement, c'est-à-dire qu'elle restitue ce qu'elle a reçu.

CHAPITRE II.

De la Compensation facultative.

PREMIÈRE SECTION.

Nature de la Compensation facultative.

Quand les conditions requises par la loi manquent d'un côté, la partie qui pourrait se prévaloir de ce qu'elles font défaut a le droit de renoncer à son avantage et d'opposer la compensation que la loi refuse de prononcer. C'est la compensation facultative. Exemple : Je suis créancier de Primus de mille francs, à terme. Il devient mon créancier pour la même somme, purement et simplement. La compensation légale n'a pas lieu, car aux termes de l'art. 1291 elle ne peut se produire que lorsque les deux dettes sont exigibles. Mais Primus a le droit de renoncer au terme qui a été stipulé en sa faveur : sa dette, devenant exigible, devient compensable.

M. Lair qualifie la compensation facultative de *judiciaire*. Il distingue deux sortes de compensations judiciaires : l'une facultative, l'autre reconventionnelle.

Cette assertion est loin d'être exacte. La compensation facultative n'est pas judiciaire, parce qu'elle dépend de la volonté seule de l'une des parties et qu'elle doit s'opérer dès l'instant où cette volonté aura été déclarée. Le juge n'intervient que pour la constater. Il n'a pas, en effet, pour la compensation facultative, le pouvoir d'appréciation discrétionnaire qu'il a, comme nous le verrons bientôt, pour la compensation reconventionnelle.

M. Lair reconnaît lui-même que la volonté du débiteur suffit pour lever l'obstacle qui existait en faveur de ce dernier. Le mot *judiciaire* nous semble d'autant plus impropre, qu'il est admis généralement, et même par M. Lair, que lorsqu'une des parties voudra opposer la compensation facultative, une simple requête sera suffisante.

La compensation facultative, comme la compensation légale, pourra être opposée en tout état de cause, même après l'appel, même sur l'exécution d'un jugement passé en force de chose jugée.

DEUXIÈME SECTION.

Dans quels cas a lieu la Compensation facultative.

Nous rappelons qu'on ne doit chercher, dans la section du Code que nous avons étudiée, aucun cas de compensation facultative : le législateur, en effet, ne s'est occupé que de la compensation légale.

C'est lorsque l'une ou l'autre des conditions requises pour la compensation légale fait défaut, qu'il peut y avoir lieu à la compensation facultative.

La première condition nécessaire, nous le savons, est que les deux dettes aient pour objet des choses fongibles entre elles. Mais quand cette condition fait défaut, il faut poser en principe que la compensation facultative n'est pas plus possible que la compensation légale. Pourquoi ? M. Desjardins en donne la raison (pag. 459) : La qualité de chose fongible de la même espèce ne saurait manquer à l'une des obligations sans manquer à l'autre. L'objet d'une créance n'est point, par rapport à la compensation, absolument fongible, comme la créance elle-même est absolument liquide. Il faudrait l'accord des deux parties pour éteindre par compensation deux dettes dont les objets ne seraient point fongibles entre eux ; autrement l'une d'elles recevrait en paiement une chose autre que celle qui lui serait due.

Lorsque la condition de fongibilité fait défaut, il existe un cas où la compensation facultative peut se produire : c'est lorsque, les objets des deux dettes étant de la même espèce, un seul se trouve déterminé. Si ce dernier est d'une qualité qui permette de l'offrir en paiement de l'objet indéterminé, la compensation facultative peut avoir lieu. Exemple : Paul doit à Pierre dix hectolitres de vin de Bordeaux, de tel crû et de telle année déterminés. Pierre doit à Paul dix hectolitres de vin *in genere*. La compensation légale n'est pas possible ; mais dans l'intérêt de qui ? Dans l'intérêt unique de Pierre, qui peut exiger que Paul lui délivre du vin de Bordeaux de tel crû et de telle année ; tandis que Paul peut exiger seulement de lui qu'il lui délivre du vin de qualité loyale et marchande. Donc Pierre peut renoncer à un droit qui n'est fondé que sur son intérêt particulier.

La seconde condition est la liquidité des deux dettes. La partie dont les droits sont liquides peut, sans difficulté, opposer la compensation à la partie dont la créance ne l'est pas, que le défaut de liquidité provienne du doute sur l'existence même ou sur la quotité de cette créance.

La troisième condition est l'exigibilité des deux dettes. Il faut supposer que le terme n'a été stipulé que dans l'intérêt seulement de celui qui est tenu de cette dette et non pas aussi dans l'intérêt du créancier, comme tel est d'ailleurs le droit commun (1187). Celui des débiteurs dans l'intérêt duquel le terme existe, a la faculté d'y renoncer et d'opposer la compensation.

Le débiteur d'une rente peut opposer la compensation à son créancier, débiteur envers lui-même d'une somme exigible, pourvu que le temps soit expiré pendant lequel la faculté de rachat était suspendue (art. 530 et 1911 C. civ.) et que la compensation, soit par elle-même, soit avec un appoint en espèces, éteigne complètement le capital de la rente, car le créancier de la rente ne saurait être contraint à recevoir un remboursement partiel.

La quatrième condition est la réciprocité de créance et de dette entre deux personnes. Une personne peut-elle opposer en compensation ce qui est dû par son créancier à un tiers du consentement de celui-ci ? Nous répondrons affirmativement comme Pothier ; mais il faut que la compensation éteigne entièrement la dette. Une société pourra opposer en compensation ce qui est dû à l'un des associés avec le consentement de ce dernier.

Le tuteur, défendant au nom du mineur, pourra opposer une créance qui lui est personnelle; et, d'une façon générale, l'administrateur d'un patrimoine pourra opposer sa créance à l'action dirigée contre ce patrimoine. Mais il n'est pas permis à l'administrateur d'un patrimoine d'opposer à ses créanciers personnels la créance du patrimoine administré. En effet le mandataire qui, chargé de recouvrer une créance pour autrui, l'opposerait pour se libérer lui-même, agirait comme celui qui emploie pour son usage les sommes à lui confiées.

Nous avons donné plus haut une décision différente, en reconnaissant au mari le droit d'opposer à son créancier personnel la créance totale de sa femme, et en admettant la compensation facultative. Mais nous supposions une créance de somme d'argent ; or le mari, après l'avoir recouvrée, devient propriétaire des deniers ; il est simplement constitué débiteur de la femme. C'est de ce droit de disposition que découle le droit d'opposer la compensation facultative.

La caution pourra opposer sa propre créance au créancier du débiteur principal : c'est encore un cas de compensation facultative.

L'art. 1293 écarte la compensation dans l'intérêt du déposant, du spolié, du prêteur à usage et du créancier d'aliments insaisissables ; nous concluons que dans tous ces cas il peut y avoir compensation facultative.

Après avoir examiné dans quels cas a lieu la compensation facultative, nous devons nous demander si elle peut se produire comme la compensation légale, alors que les deux dettes n'ont pas la même quotité. Ainsi, Pierre est créancier de Paul d'une somme de 20,000 fr., exigibles seulement dans deux ans ; Paul est créancier de Pierre d'une somme de 10,000 fr., actuellement exigibles. Paul peut-il, au lieu d'exiger les 10,000 fr., déclarer qu'il oppose la compensation jusqu'à concurrence de 10,000 fr., en renonçant au terme dans cette limite, sauf, pour le solde, à le payer à Pierre dans deux ans ?

On a soutenu l'affirmative en vertu de l'art. 1290, qui admet la compensation entre deux dettes inégales. Sans doute un obstacle s'opposait à la compensation : la non-exigibilité de l'une des deux dettes. Mais cet obstacle est levé par la renonciation que le débiteur a faite au bénéfice du terme qui n'existait qu'en sa faveur.

Quoique cette argumentation paraisse très-forte, nous ne croyons pas devoir l'adopter, et la négative nous semble préférable. Sans doute la renonciation au terme donne lieu à compensation, mais à une compensation purement facultative ; et si l'on objecte que les effets de cette dernière sont les mêmes que ceux de la compensation légale, nous répondrons que, dans l'art. 1290, le législateur a apporté une grave dérogation au principe de l'indivisibilité du paiement posé dans l'art. 1244, et que rien ne nous autorise à étendre une telle dérogation au cas de la compensation *facultative*. Elle dépend de la volonté de la loi, mais non de celle de l'homme.

TROISIÈME SECTION.

Effets de la Compensation facultative.

Une fois opposée, la compensation facultative produit les mêmes effets que la compensation légale. Les dettes sont éteintes, avec toutes leurs garanties et accessoires.

Ici se pose une question : Les effets de la compensation facultative doivent-ils rétroagir au jour où la compensation se serait opérée de plein droit, dans le cas où aucune des conditions requises n'eût fait défaut ? Exemple : J'ai déposé chez vous 3,000 fr. Vous héritez d'une personne à laquelle je dois 3,000 fr. produisant intérêts. L'art. 1293 prohibe dans ce cas la compensation légale : mais cette prohibition étant dans l'intérêt du déposant, moi, qui ai cette qualité, je puis renoncer à ce bénéfice. Si vous me demandez au bout d'un an, je suppose, les 3,000 fr. que je vous dois comme héritier de votre débiteur, je puis vous opposer en compensation les 3,000 fr. que vous me devez comme dépositaire. Mais puis-je prétendre que les intérêts auxquels vous aviez droit ont cessé de courir du jour de l'ouverture de la succession, c'est-à-dire du jour où nos deux dettes ont coexisté ? — L'affirmative a été soutenue par M. Fr. Duranton (*Revue de Droit français et étranger*).

« Le Code, dit cet auteur, n'a point parlé de la compensation facultative, il ne l'a point réglementée ; nous sommes donc autorisés à lui appliquer les principes que nous reconnaîtrons les plus justes, surtout quand ils sont appuyés de la loi romaine. »

Si la compensation facultative rétroagit, la prescription qui s'est accomplie depuis le moment où les deux créances ont coexisté, est tenue pour non avenue.

Nous croyons au contraire que les effets de la compensation facultative ne remontent pas au-delà du jour où elle est opposée. Le Droit romain n'a aucune autorité, même à titre d'exemple, dans une matière régie par un système entièrement nouveau. Ce qui était en effet purement d'équité à Rome, est devenu chez nous la conséquence d'un paiement opéré par la volonté de la loi. Or, dans la compensation facultative, le paiement s'opère par la volonté de l'homme, et seulement le jour où cette volonté est manifestée.

Le système de M. Duranton donne trop d'avantage à celui qui oppose la compensation facultative : il est trop évident qu'il ne s'en prévaudra que dans l'hypothèse où la cessation du cours des intérêts, où l'interruption de la prescription lui profitera ; et aux termes de M. Colmet de Santerre (voir pag. 474) : « L'équité est ici en harmonie avec la théorie pour faire décider qu'une compensation qui dépend du caprice d'une des parties et que l'autre partie subit sans jamais la provoquer, n'a d'effet que du moment où elle a été opposée. »

CHAPITRE III.

De la Compensation reconventionnelle.

PREMIÈRE SECTION.

Nature de la Compensation reconventionnelle.

On appelle *reconventions*, des conclusions par lesquelles le défendeur, dans un procès, se constitue demandeur à son tour.

Les demandes reconventionnelles ne sont pas seulement applicables en cas de compensation, mais nous n'aborderons que les points qui se rattachent à notre sujet. Quand l'obstacle mis à la compensation légale n'existe plus en faveur du seul défendeur, quand la créance qu'il invoque n'est pas liquide, sa volonté ne suffit plus pour que la compensation s'opère ; il faut qu'il forme lui-même une demande réciproque, tendant à ce que cette créance soit préalablement liquidée pour ensuite être compensée avec celle du demandeur. Si la liquidation peut se faire facilement, le juge surseoit à statuer sur la demande principale ; il liquide la demande reconventionnelle et compense les deux créances. Le juge a ce pouvoir, pourvu qu'il soit compétent *ratione materiæ* quant à la demande du défendeur.

Il s'agit donc ici d'une compensation *judiciaire* : elle n'est pas l'œuvre directe de la loi ni le résultat de la volonté de l'homme ; elle est nécessairement prononcée par le juge, ce qui suppose un débat judiciaire.

Le juge se trouve en présence de deux intérêts contraires : d'une part, celui du demandeur principal, dont la créance certaine et liquide ne saurait être tenue trop longtemps en échec par une demande reconventionnelle qui nécessiterait une instruction et des retards ; d'autre part, celui du défendeur, menacé peut-être de ce danger, auquel précisément il s'efforce d'échapper, d'être obligé de payer ce qu'il doit sans pouvoir recouvrer ce qui lui est dû.

Le juge peut donc, suivant les circonstances, en joignant les instances, surseoir à statuer sur la demande principale jusqu'à ce que la demande reconventionnelle soit en état, de manière à statuer sur le tout par un seul et même jugement; ou bien il peut, en séparant les instances, statuer de suite seulement sur la demande principale et rejeter la demande reconventionnelle, sauf au défendeur à former séparément, s'il le veut, une autre demande principale.

Quant aux circonstances qui sont de nature à déterminer les juges d'admettre ou de rejeter la demande reconventionnelle, elles dépendent évidemment de chaque espèce.

DEUXIÈME SECTION.

Sous quelles conditions la Compensation reconventionnelle peut-elle avoir lieu ?

Le Code civil ne dit pas un mot de la reconvention. L'art. 464 du Code de procédure est la seule disposition législative qui y fasse allusion : « Il ne sera formé en cause d'appel aucune nouvelle demande, à moins qu'il ne s'agisse de compensation, ou que la demande nouvelle ne soit la défense à l'action principale ».

A défaut de textes suffisants dans notre législation, on peut se demander si l'ancien Droit reste en vigueur. Il est permis d'en douter, car la reconvention est une espèce de compensation ; or le Code a toute une section sur la compensation : il faut donc appliquer la loi du 30 ventôse an XII, qui abroge les coutumes et l'ancien Droit dans les matières qui font l'objet du Code civil. D'ailleurs l'ancien Droit n'est pas bien net en cette matière. De même que la compensation, la reconvention ne fut admise que difficilement et après une longue lutte contre les idées féodales. Plusieurs coutumes l'interdisaient expressément, d'autres la soumettaient à des conditions rigoureuses. La coutume de Paris s'exprimait ainsi dans son art. 106 : « Reconvention n'a lieu que si elle ne dépend de l'action et que la demande en reconvention soit la défense contre l'action premièrement intentée. »

La coutume 106 semble exiger deux conditions, à savoir :

1° Que la demande reconventionnelle dépende de l'action ;

2° Qu'elle soit connexe à la première demande, de manière à ce qu'elle puisse être opposée par voie de défense.

C'est-à-dire qu'il faut que la reconvention procède *ex pari causa* et non pas *ex causa dispari*.

Mais la pratique, plus équitable, modifia successivement la rigueur primitive des coutumes qui gardaient encore en certains endroits l'empreinte des temps féodaux. Merlin nous dit que devant les tribunaux ecclésiastiques on admettait le défendeur à former toutes sortes de demandes reconventionnelles. Déjà, vers la fin du XVIIe siècle, il ne restait presque plus rien des restrictions de l'art. 106

de la coutume de Paris. « Nous avons entièrement changé cet article, dit Le Camus, et l'avons déjà ainsi dressé : en toutes cours, reconvention a lieu et se peuvent former telles demandes incidentes que le défendeur voudra par les défenses... L'usage a prévalu sur la coutume, et on a admis les reconventions en toutes sortes de causes. »

L'art. 464 du Code de procédure consacre, on le voit, l'ancienne jurisprudence coutumière dans son dernier état et se borne à exiger l'une ou l'autre des deux conditions, conformément à la pratique qui avait autrefois déjà prévalu.

D'où il suit qu'une nouvelle demande peut être formée en cause d'appel :

1° Lorsqu'il s'agit de compensation, sans qu'il soit, dans ce cas, nécessaire que la nouvelle demande soit la défense à l'action principale ;

2° Lorsqu'il ne s'agit pas de compensation, mais alors sous la condition que la nouvelle demande sera la défense à l'action principale.

Cette exception spéciale, lorsqu'il s'agit de compensation, est suffisamment justifiée par la faveur que ce mode d'extinction des obligations mérite et par les avantages qu'il procure : simplification des procédures, économie de temps et de frais.

La Cour de Cassation a jugé que la compensation par voie de reconvention peut être proposée pour la première fois en appel, bien que la créance opposée en compensation soit supérieure à la créance qui forme l'objet de la demande : « Attendu, dit l'arrêt, que l'art. 464 du Code de procédure ne distingue pas entre le cas où la compensation a seulement pour effet d'étendre l'action principale, et celui où, supérieure au chiffre de cette action, elle peut devenir elle-même la cause d'une condamnation, etc. » (10 janvier 1853).

Quant à la compétence, la règle suivie en jurisprudence est celle que portait l'art. 148 du projet de loi de la Cour de cassation : « La reconvention n'est pas recevable, si le juge est incompétent *ratione materiæ* de l'objet de la reconvention ».

Quoique ce projet n'ait pas été converti en disposition législative, il n'en faut pas moins considérer comme certaine la règle qu'il renfermait. Cette règle est en effet aussi ancienne que la reconvention elle-même.

Elle repose sur des principes d'ordre public si évidents, que l'on peut dire qu'il n'était pas nécessaire de la consacrer par un texte. Ainsi, une cause civile ne pourra pas être portée reconventionnellement devant un tribunal administratif. L'intérêt privé qui demande la jonction des causes n'est pas suffisant pour motiver une interversion dans l'ordre des juridictions.

TROISIÈME SECTION.

Effets de la Compensation reconventionnelle.

Nous savons que les effets de la compensation légale datent dès l'instant où les deux dettes ont coexisté, que ceux de la compensation facultative datent du jour où elle a été opposée.

Nous devons nous demander à dater de quel jour la compensation reconventionnelle produit ses effets. Nous pensons que ce n'est pas du jour où elle est demandée, car il ne suffit pas de la proposer pour qu'elle s'opère, mais seulement du moment où le juge l'a admise. Si, en général, les effets d'un jugement rétroagissent au jour de la demande, c'est que le juge se borne à constater le droit. Mais ici la compensation ne constitue pas un droit pour celui qui l'invoque : elle dépend du juge qui peut la refuser ; elle ne peut pas produire d'effets pour un temps antérieur à la sentence.

POSITIONS

DROIT ROMAIN.

I. La compensation dans les actions *stricti juris* est une véritable innovation de Marc-Aurèle.

II. La compensation, une fois admise dans les actions *stricti juris* au moyen de l'*exceptio doli*, a produit dans ces actions les mêmes effets que dans les actions *bonæ fidei*.

III. Sous le système formulaire, la condition de fongibilité n'a pas été nécessaire.

IV. A l'époque de la procédure extraordinaire, la compensation n'a pas cessé d'être admise *ex dispari specie*.

V. L'innovation de Justinien qui étend la compensation aux actions *in rem* a une portée générale.

VI. La compensation ne cesse pas d'être judiciaire sous ce prince.

VII. Les mots *ipso jure* de la constitution 14 signifient que le juge pourra désormais compenser, sans qu'il soit besoin d'aucune exception.

DROIT CIVIL.

I. La compensation n'a pas lieu entre deux dettes de denrées différentes.

II. Le débiteur solidaire poursuivi ne peut pas invoquer la compensation du chef de son codébiteur, pas même pour la part que ce dernier doit supporter dans la dette,

III. La caution solidaire peut opposer la compensation du chef du débiteur.

IV. La compensation est possible entre les dettes du mari envers un tiers et la créance que la femme a contre ce tiers, dans le cas où les époux sont mariés sous le régime dotal; mais c'est là une compensation facultative.

V. Il est permis de renoncer même d'avance à la compensation.

VI. Celui qui a payé une dette éteinte par la compensation, qu'il y ait eu erreur de sa part ou qu'il l'ait fait sciemment, a le choix entre l'action primitive et la *condictio indebiti*.

VII. La compensation facultative n'est possible qu'autant que les deux dettes sont d'un chiffre égal.

VIII. Les effets de la compensation facultative ne remontent pas au-delà du jour où elle est opposée.

IX. Les effets de la compensation reconventionnelle datent du jour où elle est admise par le juge, et non du jour de la demande.

X. La caution qui a acquitté la dette est subrogée contre le tiers détenteur.

DROIT CRIMINEL.

I. Le tribunal correctionnel n'est pas compétent pour statuer sur les dommages-intérêts réclamés par la partie civile contre le prévenu acquitté.

II. L'action civile se prescrit par le même délai que l'action publique.

ENREGISTREMENT.

I. L'héritier bénéficiaire qui s'est porté adjudicataire d'un immeuble de la succession est tenu de payer le droit de transcription.

II. Au cas de succession vacante, les droits d'enregistrement ne doivent pas être perçus.

III. L'écrit constatant la compensation légale n'est pas soumis au droit de quittance.

HISTOIRE DU DROIT.

I. L'origine du cens se trouve dans la convention intervenue entre le serf affranchi et le seigneur.

II. L'origine de la communauté se trouve dans les sociétés serviles.

Vu par nous,
Doyen, Président de la Thèse,
Chevalier de la Légion d'honneur,
Membre correspondant de l'Institut.
Alfred JOURDAN.

Vu et permis d'imprimer,
Le Recteur de l'Académie,
Chevalier de la Légion d'honneur,
J. BOURGET.

TABLE DES MATIÈRES.

TROISIÈME PARTIE.

De la Compensation dans le Droit français moderne.

www.ingramcontent.com/pod-product-compliance
Lightning Source LLC
Chambersburg PA
CBHW072304210326
41519CB00057B/2612

9782011290007